나 는 너 와 통 하 고 싶 다

나는 너와 통하고 싶다

2011년 8월 21일 초판 1쇄 발행 | 2012년 11월 23일 5쇄 발행
지은이 · 우영미

펴낸이 · 박시형
책임편집 · 권정희, 김은경 | 디자인 · 박보희

경영총괄 · 이준혁
마케팅 · 권금숙, 장건태, 김석원, 김명래, 탁수정
경영지원 · 김상현, 이연정, 이윤하
펴낸곳 · (주)쌤앤파커스 | 출판신고 · 2006년 9월 25일 제406-2012-000063호
주소 · 경기도 파주시 회동길 174 파주출판도시
전화 · 031-960-4800 | 팩스 · 031-960-4806 | 이메일 · info@smpk.kr

ⓒ 우영미 (저작권자와 맺은 특약에 따라 검인을 생략합니다)
ISBN 978-89-6570-029-6(03320)

쌤앤파커스(Sam&Parkers)는 독자 여러분의 책에 관한 아이디어와 원고 투고를 설레는 마음으로 기다리고
있습니다. 책으로 엮기를 원하는 아이디어가 있으신 분은 이메일 book@smpk.kr로 간단한 개요와 취지,
연락처 등을 보내주세요. 머뭇거리지 말고 문을 두드리세요. 길이 열립니다.

나는
너와 통하고 싶다

상대를 단번에 사로잡는 소통의 기술

우영미 지음

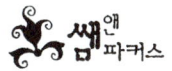

만성 '소통 체증'에 시달리는 당신에게

〈호스 위스퍼러〉라는 영화는 오래 전에 봤는데도, 가끔 생각이 난다. 로버트 레드포드가 주연, 감독, 제작 등 1인 3역을 맡은 데다, '호스 위스퍼러Horse Whisperer'라는 주인공의 직업이 꽤 인상적이었기 때문이다.

'호스 위스퍼러'는 '말馬에게 속삭이는 사람'이란 뜻으로, 말의 귀 모양, 꼬리의 움직임, 호흡, 콧구멍 등을 통해 말의 기분을 읽는 조마사를 말한다. 비록 흥행 성적은 아쉬웠지만, 로버트 레드포드는 말과 교감을 나누며 상처 입은 말을 치유하는 역을 멋지게 소화했다는 극찬을 받았다. 실제 이 영화의 모델이었던 조련사 벅 브래너맨은 전 세계를 돌아다니며 사람들에게 말과 교감하는 법을 가르쳤다고 한다.

이 '호스 위스퍼러'라는 직업에서 '위스퍼러'라는 말이 생겨났다. '위스퍼러'는 속삭이는 사람, 상대와 진심으로 통하는 사람이라는 뜻인데, 미국 오바마 대통령의 대변인이었던 로버트 깁스는 오바마 대통령의 마음을 워낙 잘 안다는 이유로 '버락 위스퍼러'라고 불렸다. 글로벌 헤드헌팅 회사인 하이드릭앤스트러글스의 부회장 스티븐 마일즈도 'CEO 위스퍼러'라는 애칭을 갖고 있다. 리더십 컨설턴트로 이름을 날린 만큼, 리더들과 잘 통하는 사람이었던가 보다.

나는 이미지 컨설턴트로 일하면서부터 '만성 체증'에 시달리고 있다. 함께 일하던 동료들과의 경쟁, 대중 앞에 서서 소통해야 하는 심적 부담감, 리더들의 PIPersonal Identity를 책임지는 전문가로서 나보다 몇 수 위인 그분들과 기싸움(?)에서 밀리지 않고 커뮤니케이션해야 한다는 부담감 등이 나에게 안겨준 훈장 같은 것이다.

돌이켜 생각해보면 이 체증의 원인은 음식이 아니었다. 원인은 '사람'에 있었다. 함께 일하는 동료와의 소통 불능이 원인이었고, 대중과 통해야 할 자리에서 통하지 못함이 원인이었고, 고객과의 소통 부재가 원인이었다. 그 때문에 조금만 예민한 상황에서 음식을 먹으면 속이 갑갑해지고 식은땀이 나는 만성 체증 환자가 되어버렸다. 소통이 불통이 되면서 소화상애로 나타난 것이다.

"함께 일하는 사람과 정말 안 통해요. 차라리 혼자 하는 게 속 편할 거 같아요."

나의 푸념에 지인이 말한다.

"이 사람은 이래서 맘에 안 들고 저 사람은 저래서 맘에 안 들고, 이 사람 저 사람 다 빼고 나면 너밖에 안 남아. 혼자 일할 수 있어? 어지간하면 맞춰봐. 독도 잘 쓰면 약이 되는 거야."

"사장 자리에 있으면서 죽고 싶은 마음에 옥상 한 번 안 올라간 사람 있으면 나와 보라 그래요. 그만큼 힘들고 외로운 자리입니다. 이렇게 힘든데도 마땅히 털어놓고 얘기할 사람이 없어요."

사회적으로 성공했다는 소리를 듣는 분의 하소연이다.

직업 덕분에 많게는 하루에도 수백 명을 만나고, 20대 새내기 대학생에서 노련한 각계각층의 리더까지 다양한 사람들을 상대하면서 나와 같은 체증 환자들이 아주 많다는 것을 알게 됐다. 음식이 아닌, 사람과 사람간의 소통에 체한 사람들. 그들의 한결같은 바람은 '누군가와 제대로 통하고 싶다'는 것이었다.

개인적인 관심과 직업적인 호기심이 섞여 수많은 질문들이 떠올랐다. "저 사람은 왜 사람들이 따를까?" "주고도 욕먹는 사람은 무엇 때문일까?" "하루를 만나도 십년지기처럼 편한 건 왜일까?" "통한다는 건 도대체 뭘까?"

답을 찾고 싶었다. 하수가 있으면 고수가 있는 법. 하수와 고수의 방법을 분석해보면 답이 나올 것 같았다. 그들에게는 내가 찾아내지 못한 숨은 비법이 있을 것이다.

이 책에는 내가 만난 이름난 고수와 무림에 숨어 있던 고수들, 나와 같은 하수들까지 다양한 이들이 등장한다. 아마 우리 주변에서 흔히 만날 수 있는 사람들일 것이다.

사회적 지위나 빈부의 차이에 상관없이 누구나 하고 있을 거대한 고민을 건드리는 부담감이 내게는 또 체증을 유발하겠지만, 나의 체증이 여러분의 묵은 체증을 가시게 만드는 계기가 되기를 간절히 바란다. 또한 이 책을 통해 '나 말고도 세상과 통하는 데 어려움을 겪는 사람이 많구나' 하는 위안과 소통에 대한 자신감을 전할 수만 있다면, 한동안 책 쓰느라 불어난 내 살에 대한 보상이 될 것 같다.

앞에서도 말했지만, 누군가와 통하는 것은 대단히 중요한 문제다. 심지어 평생 동안 통하는 사람 1명을 만나기도 쉽지 않다. '진심'이라는 고운 가루가 나올 때까지, 자신의 마음을 체로 거르고 또 거르는 것이 '소통'일 것이다. 그저 이 책이 당신의 위스퍼러를 찾는 데, 혹은 당신이 누군가의 위스퍼러가 되는 데 조금이나마 도움이 되었으면 하는 바람이다.

2011년 여름
우영미

차
례

프롤로그 만성 '소통 체증'에 시달리는 당신에게 · · *4*

1
PART

나를 버리고 상대를 살리면, 통하게 되어 있다

통하였느냐? · *13*
페어플레이 정신 · *21*
'가오'를 지키는 일은 지구를 지키는 것만큼 중요하다 · *31*
끄덕끄덕 · *39*
토닥토닥 · *48*
더하고 빼고 나누고 곱하는 소통의 공식 · · · · · · · · · · *57*
일촌 피드백 · *66*
솔직 vs. 진심 · *76*

2
PART

우리는 통한다, 고로 존재한다

그 여자 그 남자의 동상이몽 · *85*
불청객 정전기는 이제 그만 · *93*
사소한 일에 목숨 거는 데는 다 이유가 있다 · · · · · · *105*
골방에 숨은 사람들 · *112*
앗, 그런 거였어? · *118*
비워서 채우는 여백 · *123*

3
PART

'통즉불통', 통하면 아프지 않다

서툰 남자, 낯가리는 여자 · · · · · · · · · · · · · · · 131
거짓말 가이드라인 · · · · · · · · · · · · · · · · · 140
욱하는 성질 죽이기 · · · · · · · · · · · · · · · · · 150
그 입 다물라 · · · · · · · · · · · · · · · · · · · 156
빤한 것은 비틀어라 · · · · · · · · · · · · · · · · 162
무행, 무지, 요요 · · · · · · · · · · · · · · · · · · 170
소셜 리더의 소통법 · · · · · · · · · · · · · · · · 177

4
PART

통하고 싶다면 '나'를 제대로 보여줘라

당신은 어떤 소리를 내고 있나요? · · · · · · · · · · 189
말에도 격이 있다 · · · · · · · · · · · · · · · · · 197
달변과 다변 사이 · · · · · · · · · · · · · · · · · 204
안녕하모니카! · · · · · · · · · · · · · · · · · · · 213
마이 스토리 · 219
나 이런 사람이야! · · · · · · · · · · · · · · · · · 227
완견과 애완견의 사교술 · · · · · · · · · · · · · · 235
미학의 거리 · 244
들어오면 밝아지는 사람, 나가야 밝아지는 사람 · · · 253
딱, 거기까지! · · · · · · · · · · · · · · · · · · · 261

에필로그 통하려면 지고 시작하라 · · 268

PART 1

나를 버리고 상대를 살리면,
통하게 되어 있다

나 는 너 와 통 하 고 싶 다

통하였느냐?

　남자후배 K는 발목이 가는 여자가 좋다고 한다. 여자후배 L은 섬섬옥수처럼 기다랗고 고운 손가락을 가진 남자가 좋다고 한다. 이들이 누군가를 사랑하기 시작한 것은 누군가를 '보았기' 때문이다. 무언가를 갖고 싶은 욕망이 생겼다면, 그 또한 '보았기' 때문이다. 그래서 눈은 유혹에 빠지는 창구인 동시에 유혹을 시작하는 창구다. 사랑의 시작이자 욕망의 시작인 셈이다.

　눈은 마음의 창구이기도 하다. 상대가 어떤 생각을 하는지 눈을 보면 알 수 있다. 눈은 입보다 더 많은 말을 한다. 입은 거짓을 말할 때도 많지만, 눈은 거짓말에 능숙하지 못하다. 눈으로 거짓을 말하는 사람은 둘 중 하나다. 사기꾼 아니면 연기자. 한편 눈은 마음을 전하는 도구로도 쓰이지만, 싫은 것을 회피할 때도 쓰인다.

초등학생 : 못 쳐다보면 거짓말하는 거다.

고등학생 : 안 쳐다보면 반항하는 거다.

스무 살 청춘 : 못 쳐다보면 좋아하는 거다.

마흔 살 부장 : 안 쳐다보면 무시하는 거다.

눈을 보면 상대의 마음을 읽을 수 있기에, 우리는 상대방의 속내가 궁금하면 눈을 들여다본다(입술을 볼 때는 딴마음을 품었을 때다). 상대에게 마음을 들키고 싶지 않을 때는 아무래도 눈을 피하게 된다. 머릿속에 떠다니는 무수히 많은 말들을 들킬까 봐.

눈으로 통하기

눈을 통한 소통은 크게 두 가지로 나뉜다.

첫 번째는 서로 시선을 맞추며 관심을 표현하는 경우다. 상대를 바라보며 반가운 기색을 드러낸다. 이때 부드러운 눈빛으로 상냥하고 편안한 느낌을 전하는 것이 중요하다.

흔히 사람들은 좋아하지 않는 것에는 시선을 주지 않는다. 간혹 눈길을 준다 해도, 지그시 바라보기보다 정면으로 쳐다보거나 째려본다. 이때 눈의 각도와 눈빛은 사뭇 달라진다. 반항의 기운을 품고 쳐다볼 때 눈의 각도는 15도 위쪽을 향한다. 턱의 각도는 15도 아래쪽을 향하고. 마음에 들지 않아 상대를 째려볼 때는 얼굴의 방향과 눈의 방향이 달라진다. 얼굴은 정면을 향하고 눈은 최대한 측면에 붙인,

가자미눈 모양이랄까. 눈빛에서 뾰족한 모양이 그대로 드러난다.

두 번째는 시선을 맞춤으로써 상대에게 자신감을 전하는 경우다. 예전에 백화점에서 물건 파는 아르바이트를 했던 적이 있는데, 내가 파는 제품에 자신이 있으면 손님들과 자연스럽게 눈을 맞출 수 있었다. 하지만 제품을 충분히 이해하지 못하거나, 인기 없는 제품이라재고를 처리해야 하는 상황에서는 고객의 눈을 똑바로 쳐다보기 어려웠다. 양심에 걸리는 부분이 있어서일까. 그래서 물건을 파는 사람이 고객의 눈을 자신 있게 바라볼 때와 자신감 없이 미적거리며 엉뚱한 곳을 바라볼 때의 판매 성공률이 사뭇 다를 수밖에 없나 보다.

초보 강사 시절에도 이와 비슷한 느낌을 여러 번 받았다. 내가 전달하고자 하는 내용을 철저하게 준비했음에도 너무 불안하고 겁이 났다. 경험이 절대적으로 부족했기에 자신감 또한 절대적으로 빈약했다. 아주 사소한 것들까지 모두 걱정투성이였다.

'누가 갑자기 질문하면 어쩌지?' '내 의견에 이의를 제기하면 뭐라고 대답하지?' '시간은 왜 이렇게 안 가는 거야?' '어째서 저 사람은 별다른 반응이 없는 걸까?' 등등 쓸데없는 걱정으로 가득 차서 앉아 있는 청중들을 제대로 바라볼 수도 없었다.

그러다 인상 좋은 사람이나 잘 웃어주는 사람이 눈에 띄면, 주로 그쪽을 바라보며 강의를 했다. 청중 입장에서는 강사와 눈이 마주치면, 나를 봐주는 사람에 대한 일종의 의리 비슷한 기분이 들기 마련이다. 그래서인지 더욱 열심히 듣게 된다.

그런데 불행히도 앞자리에 인상이 딱딱하거나, 척 봐도 직급이 높아 보이는 사람이 앉아 있는 날이면, 그냥 딱 그만두고 싶었다. 제대로 눈을 맞출 수가 없었다. 그렇게 되면 강사가 외면한 청중들은 소외감을 느낀 나머지 강의를 듣지 않고 다른 생각을 하기 시작한다.

자신감이 됐든 의리가 됐든, 대부분의 감정은 '말로 하는' 것이 아니라 '눈으로 드러내는' 것이다.

'눈높이' 맞추기

같은 한국말을 쓴다고 다 잘 통하는 건 아니다. 연령에 따라 쓰는 언어가 다르고, 성별이 달라도 쓰는 말이 달라진다. 사회적 위치에 따라서도 그렇다. 하는 일이 다르면 또 변하는 게 언어다. 그래서 같은 한국말인데도 소통이 어렵다.

국내 최고의 은행에서 직원들에게 프레젠테이션을 해달라는 요청이 들어왔다. VIP 고객을 상대하는 은행 PB들을 대상으로 교육을 하려는데, 짧은 시간에 효율적으로 진행할 수 있도록 사전에 교육 방향을 협의하고 싶다는 요청이었다.

현장에 도착했더니 각 분야별로 5명의 전문가가 와 있었다. 은행쪽 담당자는 각자 어떻게 교육을 할지 차례대로 프레젠테이션을 해달라고 했다.

3명의 은행 담당자 앞에서 전문가 1명씩 자신의 교육 방향을 설명하기 시작했다. 그런데 나보다 앞서 설명을 시작한 패션 전문가에게 담당자가 못마땅한 표정으로 이렇게 말했다.

"우리가 알아듣기 쉽게 얘기해주세요. 색채니 트렌드니 이런 거 말고, 고객의 맘에 들려면 어떻게 입어야 하는지 그냥 쉽게 설명해주세요. 우리 직원들은 그런 말 안 써서 어려워요."

내가 듣기에 아주 어려운 말은 아니었는데, 은행 직원들은 영 난감한 얼굴을 하고 있었다.

'아, 어려울 수도 있겠구나….'

그때서야 알았다. 그럴 수도 있다는 것을. 내가 세금과 관련된 이야기에, 아니 숫자가 조금만 들어간 대화에도 머릿속이 하얗게 되는 것처럼 말이다. 어느덧 내 차례가 됐다.

나는 가능하면 10명 이하의 소그룹을 구성해 세세한 부분까지 컨설팅하고 싶다는 의견을 내놓았다. 그런데 설명을 듣는 담당자의 표정이 그리 밝지 않아 보였다.

은행 담당자 : "바쁜 사람들입니다. 그분들이 관리하는 돈이 얼만데요. 50명을 한꺼번에 하루 안에 끝내죠."

나 : "교육대상 평균 연령이 40세 정도라고 하지 않으셨나요."

담당자 : "네."

나 : "교육대상이 50명, 그리고 제게 할애된 시간은 8시간이네요. 그

런데 이번 교육의 목적이 고객 수준에 PB의 외적 수준이 미치지 못하니까, 세련되고 신뢰할 수 있는 전문가의 이미지로 끌어올리려는 것 아닌가요?"

담당자 : "네, 맞습니다."

나 : "40년간 자기 스타일대로 살던 분들이 고작 8시간 집합교육을 받는다고 얼마나 달라질까요. 집합교육을 할 경우 강사가 PB 1명에게 쏟을 수 있는 시간이 얼마나 되는지 계산해볼까요? 8시간이면 480분입니다. 480분을 50명으로 나누면 9.6분. 10분이 채 안 되거든요. 1명당 10분씩 투자해서 40년 동안 유지한 스타일을 바꾼다는 건 무리입니다. 시간을 좀 더 늘려주세요."

은행 담당자의 못마땅한 표정이 순식간에 바뀌었다. 그가 어떤 말을 할지는 몰라도 하나만은 분명했다. 바로 내 말이 먹혔다는 것.

'나이스 샷!'

스스로 대견스러웠다. 동네가 다르면 쓰는 언어도 달라져야 한다. 상대를 내 편으로 끌어들이려면 먼저 그들의 언어로 이야기해야 한다. 상대방의 눈높이에서. 나에게 이런 모습이 있었다니, 정말 뿌듯했다! 결국 나는 10명씩 소그룹을 묶어 2박 3일 동안 교육을 진행했다. 당연히 성과도 좋았다.

누군가와 통하고자 할 때 우리가 맞춰야 하는 건 두 가지다. 먼저 상대와 눈을 맞추고, 그다음 눈높이를 맞춘다. 눈으로는 관심과 자신감을 표현하고, 상대의 눈높이에 나를 맞추는 것이다.

우리나라 사람들은 상대와 눈 맞추는 것 자체를 어려워하는 경향이 있다. 우리는 어릴 때부터 어른을 똑바로 쳐다보는 것을 '버릇없는 행동'이라 배우며 자랐다. 조기교육(?)의 위력 때문인지 사람을 정면으로 바라보는 걸 무척 조심스러워한다. 그래도 나는 직업적으로 훈련이 되어 있어서인지, 다른 사람들을 똑바로 바라보는 편이다.

그런데 종종 내 시선이 부담스럽다는 이야기를 듣는다. 특히 강의할 때 가장 앞자리에 있던 사람이 쉬는 시간에 뒷자리로 옮겨가는 경우가 간혹 있다. 그래서 물었다. 왜 뒷자리로 옮기셨는지.

"강사님 시선이 부담스럽습니다. 뒷자리에 있으니까 오히려 더 잘 들리고 좋아요."

"흑…."

1대1 컨설팅을 할 때는 그런 말을 더 자주 듣는다. 점쟁이 앞에 앉아 있는 것처럼 긴장된다는 거다. 그래서 요즘은 내가 더 긴장한다. 최대한 눈빛을 부드럽게 하고, 목소리도 또렷하되 나지막하게 줄이고, 짧던 머리도 기르는 중이다. 당당하되 편안한 사람으로 보이고 싶어서. 뭐가 됐든 과한 건 모자람만 못하니까.

가끔 강의를 준비하기 위해 노트북을 들고 커피숍으로 향한다. 음악과 사람들의 대화를 들으며 작업을 하다 보면, 오히려 집중이 더잘 될 때가 있다. 얼마나 지났을까. 작업에 과도하게 몰입한 탓인지 눈이 아파온다. 그럴 땐 모니터에서 눈을 떼고 창밖을 봐줘야 한다. 언제 왔는지 맞은편 테이블에 머리에 피도 안 마른 커플이 앉아 있다. 남자친구는 여자친구가 목에 두른 스카프를 자꾸 잡아당기며 보챈다. 어디서 본 건 있어서. 그건 그렇고 어쩌자는 건지. 뭐라 말하는 것도 아니면서 눈을 물끄러미 들여다보더니 남자친구가 묻는다.

"응? 응? 응?"

여자친구가 답한다.

"으~으~응."

어디서 배운 걸까? 이런 고급 스킬은.

페어플레이 정신

1. 예약은 한 번에 하나씩만. 절대 마이크를 독점하지 않는다.

2. 남이 노래하는데 마이크 들고 목청 높여 따라 부르지 않는다.

3. 기껏 띄운 분위기를 구슬프고 청승맞은 노래로 한 번에 가라앉
   히지 않는다.

4. 과장급 이상이라면, 어설픈 랩은 금지한다.

5. 제3세계(?) 노래로 무리수를 띄우지 않는다.

6. 노래 안 하고 혼자 분위기 잡지 않는다.

7. 음정 불량, 고음 불량에노 끝까지 부르는 만용을 부리지 않는다.

8. 한창 물 오른 분위기에서 '취소' 버튼을 누르는 만행은 금지한다.

9. 남이 부른 노래를 재탕하지 않는다.

10. 남들이 노래할 때 한눈팔지 않는다.

대국민 오락실인 노래방에는 암묵적인 룰이 있다. 이 룰을 어긴다고 해서 처벌이 가해지는 건 아니지만, 인간관계에 치명적인 금이 갈 수도 있다는 걸 말해두고 싶다.

소통에도 마찬가지로 보이지 않는 '룰'이 존재한다. 우리는 모두 화자話者인 동시에 청자聽者이며, 말 한마디로 가해자가 되기도 하고 피해자가 되기도 한다. 이때의 '룰'은 누가 제대로 지키고 있는지 두 눈 부릅뜨고 감시하기 위해 존재하는 것이 아니라, 쾌적하고 유쾌한 분위기를 유지하기 위해 있는 것이다. 올림픽에만 페어플레이 정신이 필요한 건 아니니까.

독점은 그만

노래방 기피대상 1호는 마이크만 잡았다 하면 절대 놓지 않는 사람이다. 아무리 노래를 기가 막히게 잘해도 듣고만 있으면 살짝 억울해지기 마련. 같이 노래 부르러 갔지, 누구는 박수 치러 갔나. 자고로 서로 신나게 놀려면, 공평하게 주고받아야 하는 법이다.

대화도 마찬가지다. 누군가 일방적으로 분위기를 주도하다 보면, 누군가는 잠자코 듣고만 있어야 한다. 아무리 말을 잘한다 해도, 계속 듣고만 있으면 슬슬 얄미워진다.

지인 C는 말을 재미있게 잘하는 걸로 유명하다. 똑같은 이야기라도 그가 하면 맛깔스럽게 변신한다. 그러나 치명적인 단점이 있다. 대화의 80% 이상을 혼자서 주도, 아니 장악한다는 것이다. 그와 동석하는 자리에서는 누구도 예외 없이 방청객이 되어버린다. 다들 너무 재미있다며 연방 칭찬을 늘어놓지만, 왠지 기분은 찜찜하다. 그가 끼면 모임의 다른 사람과는 좀처럼 친해지기 힘들다. 다들 듣고만 있다보니 대화를 나눌 기회가 없기 때문이다. 어느 순간부터 모임을 주관하던 총무가 그를 제외시켰다.

'끼어들기'는 금물

보통 대화를 주도하기 좋아하는 사람들이 나설 자리, 안 나설 자리를 가리지 않고 무턱대고 끼어들기도 잘한다. 목소리는 더 우렁차게, 리액션은 패널 뺨치게, 온갖 기교를(?) 다 부린다.

당연히 모처럼 마이크 들고 열심히 노래하는 사람은 짜증이 난다. 어쩌다 다른 사람이 말하고 있으면 열심히 듣는 것 같다가도, 결국 또 본인이 나서서 말하고 있다. 그들의 공통점은 대체로 다른 사람이 주목받는 걸 못 견딘다는 것. 독특한 표현력과 탁월한 유머감각, 육식동물처럼 날쌘 순발력으로 스테이지를 덥석 가로챈다.

당하는 입장에서는 당연히 먹던 밥그릇을 빼앗긴 것만큼이나 기분이 나쁘다. 게다가 톡톡 잘 끼어드는 사람일수록 자신보다 말이 많은 사람을 싫어한다. 웬만해선 자신보다 더 유머러스한 사람, 더 잘 끼어드는 사람을 가까이하지 않는다. 어디서든 주인공이 되고 싶어 하는 심리라고나 할까.

23

분위기 전환에도 규칙이 있다

썰렁한 분위기를 잘 띄우는 사람이 있듯, 노래방에도 신나는 분위기를 보장하는 필승 레퍼토리가 있다. 먼저 '무조건 무조건이야~'로 분위기를 살리고, 노라조의 '슈퍼맨'으로 넘어간다. '근육빵빵 난 슈퍼맨. 지구인의 친구 난 슈퍼맨~ 멋지구나 잘생겼다 대인배의 카리스마'를 외치다 국민가수 조용필의 '여행을 떠나요'로 화합의 장을 마련하고, DJ DOC의 '춤을 추고 싶을 때는 춤을 춰요 에헤~'로 다 같이 춤을 춘 후, 싸이의 '챔피언'을 부르면 거의 광란의 도가니 수준이 된다. '소리 지르는 니가 챔피언, 음악에 미치는 니가 챔피언~'

그다음으로 적절한 곡은? '땡벌'이나 '자옥아' '낭만고양이' 같은 적당한 템포의 곡이 무난하다.

그런데 가끔 분위기 파악 못하는 사람들이 가슴 미어지는 '서른 즈음에'나 '네버엔딩스토리'로 분위기를 싸하게 냉각시킨다.

'점~점~ 더 멀어져 간다. 머물러 있는 청춘인 줄 알았는데…'

아주 지하 500m 암반수 나오는 곳까지 파고 들어간다. 정말이지 '점점 더 멀어져 간다'는 말이 더 이상 잘 어울릴 수 없다.

대화도 마찬가지다. 기껏 분위기가 무르익었는데, 갑작스러운 화제 전환으로 분위기를 싸하게 만드는 사람들이 있다.

지인 Y부장이 그런 경우다. 그는 머릿속에 어떤 생각이 떠오르면, 단 1초도 망설이지 않고 입 밖으로 내뱉는다. 머릿속 생각을 잊어버리기 전에 말해야 한다는 강박관념 때문에, 생각나는 대로 즉시 말하는 것이다. 본인은 머릿속에 생각은 많은데 나오는 출구는 '입' 하나뿐이라 일어나는 병목현상이라며, 변명 아닌 변명을 늘어놓는다. 고민하지 않고 내뱉는 버릇 때문인지 Y부장과의 대화는 늘 어수선하다. 뜬금없는 화제전환도 당황스러운데 말까지 산만하니, 사람들에게 좋은 인상을 주기 어렵다.

침묵은 아무 때나 금이 아니다

노래를 못하는 사람일수록 노래방을 좋아하지 않는다. 굳이 자기 돈 내고 가서 부족한 실력을 확인하고 싶은 사람이 몇이나 되겠는가. 자주 안 가다 보니 노래가 안 느는 건 당연하다. 어찌 해서 끌려가더라도 구석에 과묵하게 앉아 있을 수밖에 없다. 그런 사람들을 바라보는 입장도 편치는 않다. 본인은 말할 것도 없이 가시방석일 테지만.

나도 노래방에서 침묵을 고수하는 사람들 심정을 잘 안다. 내가 음치이기 때문이다. 음정도 불안하고, 고음도 저음도 안 되고, 간주가 끝나면 대체 언제 노래를 시작해야 하나 매번 헤매기 일쑤다.

노래를 못 하면 탬버린이라도 잘 쳐야 하는데, 안타깝게도 노래 못하는 사람들이 탬버린도 못 친다. 박자 감각이 없는데 탬버린이라고 잘 칠 리 없지 않은가. 탬버린으로 멋진 노래 못지않게 현란한 기술을(?) 구사하는 사람들을 보면, 그렇게 부러울 수가 없다. 아무튼 마지막으로 남는 건 박수와 호응뿐. 다른 사람들 노래가 끝날 때마다

25

아낌없는 칭찬과 환호성을 보내주자. 무릇 노래방에서의 미덕은 '정신줄'을 놓고 노는 것 아닐까? 이도 저도 안 되면 노래방 진상을 면하기 어렵다.

마찬가지로 말수가 적은 사람들과의 대화 역시 그리 편하지만은 않다. 말을 못하는 건지 안 하는 건지 알 수는 없지만, 상대방이 받는 느낌은 비슷하다. 엄청 껄끄럽다는 것.

이런 사람들에게는 큰맘 먹고 질문을 던져봐도 좀처럼 대화의 불씨가 살아나지 않는다. 짤막한 단답형의 대답이 돌아올 뿐이다. 한마디로 끝나는 답변에 머쓱해져, 차만 연거푸 마신 게 한두 번이 아니다.

사람들만 만나면 말수가 줄어드는, 침묵을 더없이 사랑하는 이들과 이야기할 때는 다음과 같은 대화법이 가장 효과적이다. 자신의 신상을 대화의 불씨로 삼은 다음, '5W1H'로 후후 바람을 일으켜 훨훨 불을 피워보자. 예를 들면 이런 식이다.

A : "건강해 보이시네요. 요즘 운동하시나 봐요."

B : "마라톤 하고 있습니다."

A : "우와, 멋지네요. 어쩐지 몸이 탄탄해 보이시더라고요. 누구Who랑 같이 하세요?"

B : "마라톤 동호회에 가입했거든요. 주로 그 친구들이랑 같이 뛰죠."

A : "친목도 다지고 건강도 챙기고 좋은데요. 저도 요즘 살이 쪄서 걱정인데, 마라톤 하려면 무엇What부터 시작해야 되나요?"

5W1H, 즉 누구와, 언제, 어디서, 무엇을, 왜, 어떻게라는 질문은 단답형으로 끝날 수 없는 질문이다. 꼬리에 꼬리를 물고 적극적으로 질문하면 충분히 대화를 끌어갈 수 있다. 대화가 활발하게 이루어지지 않을 때는, 적극적인 질문으로 돌파하는 게 최고다. 단, 어려운 질문은 곤란하다.

"도요타 리콜 사태가 도요타 브랜드 이미지에 미치는 장단기적 영향이 뭐라고 생각하십니까?"

이건 만행이다. 상대방을 곤경에 빠뜨리면 모처럼 살려놓은 불씨가 꺼질 수 있다.

어쨌거나 난 다음 생에는 정엽이나 이은미로 태어나고 싶다. 정말 가슴이 먹먹해질 정도로 노래 좀 잘했으면 원이 없겠다.

나와의 '교집합' 찾기

일본 유행가 중에 '고이비토요'라는 노래가 있다. '연인이여'라는 뜻인데, 우리 노래로 치자면 패티김의 '가을을 남기고 떠난 사람' 정도 될 것 같다. 그 정도로 국민적 사랑을 받았던 노래이기도 하고, 내세는 가슴 설레는 추억이기도 하다.

사연인즉슨, 첫 직장에서 신입사원 교육을 받을 때 무시무시하게 굴던 남자 교관이 있었다. 네모반듯하게 생긴 얼굴에 웃음기 하나 없는 표정, 구호가 늦으면 늦는다고 기합을 주고, 소리가 작으면 작다고 야단을 치던, 손톱만큼의 일탈도 용서치 않는 터미네이터 교관이었다.

교육 내내 되도록 마주치고 싶지 않을 만큼 싫었던 그가 교육 마지막 날 모두들 고생했다며 모닥불 앞에서 불러준 노래가 바로 '고이비토 요'였다.

살랑살랑 꽃바람이 불던 봄날, 용인 연수원에 가슴 절절하게 울려 퍼졌던 '고이비토요'는 가히 충격적이었다. 인간미라고는 손톱의 때만큼도 없을 거라 생각했던 교관이 불러주는 사랑 노래라니. 그 순간만큼은 그가 엄지손가락을 바짝 치켜들고 용광로 속으로 사라진 터미네이터처럼 멋있어 보였다. 그때부터 그 노래를 좋아하게 되었다.

그러나 나처럼 특별한 스토리가 없는 사람들에게 음치, 박치가 부르는 '고이비토요'는 제3세계 정체불명의 노이즈일 뿐이다. 특별한 공감대를 이루지 못하는 대화도, 혼자서 흥에 겨운 말도 상대에게는 고문이 될 수 있다. 소통의 기본은 상대와 나의 '교집합'을 찾는 데서 시작되어야 한다. 비슷한 일에 종사한다든지, 취미가 같다든지, 아이를 키운다든지, 고민이 비슷하다든지….

나도 더 이상 사람들 앞에서 '고이비토요'를 부르지 않는다. 다시는 부르지 말라는 남편의 당부에 나 혼자 있을 때만 부르는 가슴 시린 18번이 됐다.

"고이비~토요오~ 사요오~나라~~~ 조오타~~!"

최고의 노래는 리액션이다

특히 나처럼 노래를 못하는 사람은 용기내서 노래하고 있는데 상대가 한눈을 팔면, 엄청난 상처를 입는다. '아~! 내 노래가 민폐구나, 빨리 끝내야 되는데….' 이런 생각이 들면 목소리는 기어들어가고, 박자는 더 흔들리고, 자신감은 바닥을 친다. 그리고 다시는 노래방에 가고 싶지 않다.

한번 불러보라고 권하지를 말든가, 그렇게 세워놨으면 듣는 척이라도 해야지, 듣지도 않을 거면서 왜 부르라고 했는지 모르겠다. 대부분 다음에 뭘 부를지 고민하느라 노래책에서 눈을 떼지 못한다. 그래도 가끔 환호 한번 보내주면 용기백배해서 열심히 할 텐데…. 더 매너 없는 경우는 노래 부르는 도중에 잡담하는 거다.

'대체 뭐냐고요. 내가 그 정도밖에 안 되는 거야?'

대화를 할 때도 그렇다. 같은 테이블에 앉아 대화하는데도 자기가 질문한 내용이 아니라고 귀담아 듣지 않는 사람들이 있다. 심지어 기껏 물어봐놓고 듣지 않는 이들도 있다. 말하는 사람 입장에서는 무시당했다는 생각에 마음이 상한다. 누구든 항상 주인공일 수는 없다. 자신이 조연일 때 주인공을 더욱 빛나게 해줘야, 나중에 주연을 맡았을 때 다른 사람들이 신나게 거들어줄 것 아닌가.

청중 없는 가수는 없다. 가수가 멋들어지게 노래하면, 청중은 신나는 박수로 화답해야 한다. 이것이 노래방에서 지켜야 할 룰이다.

소통도 마찬가지다. 말하는 사람은 상대방에게 적절한 내용을 적당한 방식으로 표현하고, 듣는 사람은 적절한 리액션으로 답하는 것이 소통의 '페어플레이' 정신일 것이다.

아! 열한 번째 노래방 룰이 하나 더 있다.

남자는 임재범의 '고해', 여자는 이은미의 '애인 있어요'를 부르지 않는 것. 두 노래 모두 누구나 한번쯤 불러보는 노래다. 본인들은 잘 부르는 줄 알지만, 대부분 '민폐성 열창'으로 끝이 난다. 아무나(?) 부를 만한 노래가 아니지 않은가.

'가오'를 지키는 일은
지구를 지키는 것만큼 중요하다

　후배 중에 '가오 상식'이라 불리는 친구가 있다. 원래 이름은 상식인데, 워낙 '가오' 떨어지는 걸 질색해서 다들 그렇게 부른다('가오'는 일본어로 얼굴이란 뜻인데, 허세를 부리거나 있는 척을 할 때 흔히 쓴다). 없어 보이거나 '쪽팔린' 건 죽어도 싫다는 얘기다.

　대체 어느 정도이기에 그러냐고? 상식이 왈, 일단 돈에 쪼들리면 핑계를 대서 데이트를 취소하는 한이 있어도, 여자가 지갑을 꺼내는 건 싫단다. 물론 여자 입장에서야 끝내주는 '나이스 가이'겠지만.

　이성뿐 아니라 친구를 만날 때도 마찬가지다. 어떤 상황에서도 가오를 버리지 못하는 상식이는 혼자서는 허름한 포장마차에 가더라도, 동창을 만날 땐 근사한 술집에 가야 한다. 기름값이 없어 매번 '3만 원이요!'를 외칠지언정, 외제 중형차 정도는 몰아줘야 한다는 요상한 철학(?)도 갖고 있다.

심지어 상식이의 학창시절은 '17대 1의 말죽거리 잔혹사'쯤으로 각색되어 있다(게다가 만날 때마다 조금씩 진화한다). 몹시 의심스럽긴 하지만, 그에게 가오는 '신성불가침의 영역'이기에 더 이상 캘 수 없다. 사실을 확인하려 드는 건 '남남'으로 지내자는 얘기니까.

아무래도 상식이에게 가오를 지키는 건 지구를 지키는 것만큼 중요한 것 같다. 그래서 그의 라이프스타일은 그대로 인정한다. 가끔 '허세작렬' 아니냐고 한소리 하고 싶지만, 어쨌든 자기 스타일이라는데 무슨 자격으로 뭐라 하겠는가.

참고로 상식이의 드림카는 빨간색 페라리다. 아직 페라리를 탈 능력이 되지 않아 중고 세단을 타고 다니지만, 주말이면 자동차 전시장을 순회하며 '끝내주는' 차들을 타느라 바쁘다고. 드림카를 손에 넣는 그날까지 허기를 달래려는 그만의 전략이 아닐까.

누구에게나 지키고 싶은 건 있다

사실 누구에게나 '허세'를 부리고 싶은 마음은 있다. 부끄럽긴 하지만 나도 그런 허영기가 조금은 있다. 아주 '조오금~'이긴 해도.

처음 라디오 게스트로 출연했던 곳이 '인천교통방송'이었다. 게스트라 해봤자 대단한 건 아니고, 이미지에 대해 조언하는 정도였다. 대략 10분 정도 나가는 분량이라 아무래도 인천까지 가기는 무리여서, 3년 동안 전화를 연결해 방송을 했다. 전화 방송이라고 해서 대충 했던 건 아니다. '이미지 컨설턴트'라는 이름에 걸맞게(?) 나름 지적인 느낌을 줄 수 있도록, 꾸준히 우아한 이미지를 쌓아왔으니까.

참고로 아침을 여는 나의 사무실 풍경은 이렇다. 테헤란로에 있는 사무실 내 책상 뒤쪽에는 밖이 보이는 큰 창이 나 있다. 아침에 출근하자마자 도넛에 커피를 마시며 하루 일정을 체크한다. 오늘은 고객 컨설팅 한 건과 강의가 한 건 잡혀 있다. 일정을 체크하고 나면 신문을 꼼꼼히 읽으면서 활기찬 하루를 시작한다.

물론 대략 사실이다. 창문은 앞 건물과 민망할 만큼 붙어 있고, 신문이야 늘 오는 거고, 손님들이 사온 도넛과 믹스 커피로 대충 아침을 때우는 정도의 차이는 있지만.

그날도 어지간히 예쁜 척하면서 방송을 진행하고 있었다. 3년간 쌓은 내공으로 매끄러운 마무리 멘트를 날리려는데, 밖에서 자그맣게 무슨 소리가 들려오기 시작했다.

"세에~탁, 세에~탁!"

맙소사, 세탁소 사장님 목소리였다. 마음이 점점 급해졌다. 30초 정도만 더 하면 되는데, 계단을 따라 올라오는 소리는 점점 아파트 6층인 우리집에 가까워지고 있었다. 세탁소 사장님은 평소 복식호흡이라도 하시는지 목소리가 상당히 우렁차다. 그리고 드디어 문 앞에서 "세에~탁!" 하고 딱 멈추었다. 순간 내 심장도 같이 멎는 줄 알았다.

'망했다….'

얼마나 당황했던지, 어떻게 방송을 마무리했는지도 기억나지 않는다, 아니 기억하고 싶지도 않다.

그날 팩트는 이랬다. 아침부터 굵은 비가 내려 출근길이 막힐 게 뻔했다. 자칫 방송시간 내에 사무실에 도착하지 못하면 큰일이기도 하고, 막히는 출근길에 고생하고 싶지도 않아서 집에서 편안하게 방송하기로 마음먹고 치밀한 준비를 마쳤다. 그전에도 몇 번인가 집에서 사무실인 척하고 방송한 적이 있어서, 어떻게 해야 하는지는 잘 알고 있었다. 근처의 교회나 절에서 찾아오는 것에 대비해 문에 '문 두드리거나 벨 누르지 마세요. 아기가 자고 있어요'라는 메모도 큼지막하게 써 붙이고, 아파트 안내방송을 대비해 테이프로 천장의 스피커까지 완벽하게 봉쇄했다.

TV나 그 밖에 소리 나는 모든 기기는 당연히 꺼두었다. 그런데 설마 세탁소 사장님이 혜성처럼 등장할 줄이야. 이럴 줄 알았으면 차라리 오늘은 집에서 방송한다고 솔직하게 말할걸, 후회막심이었다. 방송을 듣던 분들이 어떻게 생각했을지는 모르겠다. 하지만 3년 동안 쌓은 커리어 우먼의 시크함 내지는 우아한 이미지가 '세에~탁!' 한 방에 날아가버린 것 같아 얼마나 속상했는지 모른다.

우리 안에는 크고 작은 가오, 그러니까 우리말로 '체면'이 들어 있다. 체면은 그야말로 '허세형' 체면일 수도 있고, 인간으로서 최소한 지켜야 할 '생계형' 체면일 수도 있다.

간혹 체면치레를 하느라 가까운 사람이나 동료를 잡는 경우도 있다. 업무도 잘 모르면서 간섭을 한다든지, 마무리 안 된 일이 산더미인데 또 다른 일을 벌인다든지, 누군가에게 청탁을 받고 직원들을 몰아붙인다든지, 다양한 방식으로 허세를 부리는 것이다.

주변에 이런 '가오'나 '체면'을 중시하는 허세형 인간이 있으면, 인생이 피곤해지는 건 사실이다. 그렇다고 해서 그들과 이해관계가 맞물릴 때마다 직장을 그만두거나 친구를 정리할 수는 없지 않은가. 누구에게나 이런 부분이 조금씩은 내재되어 있으므로 이해 못할 일은 아니다. 그래서 다른 사람의 체면도 지켜주며 살아야 한다. 때로는 그것을 지키지 못해 큰 '화'를 부르기도 하니까.

삼국지를 보면 무수한 영웅들이 등장한다. 그중 조조의 휘하에 양수라는 유능한 관리가 있었다. 어느 날 조조는 길을 가다 어느 효녀의 효심을 기려 세워진 비석의 글귀를 보게 되었다. 비석에는 채옹이라는 학자가 효심에 감동을 받아 새겨둔 '황견유부외손제구黃絹幼婦外孫齊臼'라는 여덟 글자가 쓰여 있었다. 마침 길을 지나던 조조가 그것을 보고 부하들에게 물었다.

"누가 저 뜻을 아는가?"

다들 그 뜻을 몰라 난감해하는데, 양수가 나섰다.

"제가 그 뜻을 알고 있습니다."

그러자 조조는 양수를 말리며 잠시 자신에게 시간을 달라고 했다.

조조는 한참을 골똘히 생각하더니, 30리를 더 가서야 무릎을 쳤다. 그리고 양수에게 이제 그 뜻을 말해보라고 했다. 이에 양수가 나서서 이렇게 답했다.

"황견^{黃絹}이란 누런 누에고치 옷감이니 곧 색실^{絲色}을 뜻합니다. 이 두 글자를 합치면 절^絕이 됩니다. 유부^{幼婦}는 어린 소녀^{少女}라는 뜻이니 두 글자를 합치면 묘^妙가 됩니다. 외손^{外孫}은 딸의 자식으로 딸은 녀^女, 아들은 자^子니, 두 자를 합치면 호^好가 되고, 제구^{齊臼}는 다섯 가지 맛의 음식을 담는 그릇으로 이는 매운 것^辛을 담는 것이니^受, 두 글자를 합치면 사^辭가 됩니다. 이를 모두 합치면 '절묘호사(絕妙好辭, 아주 훌륭한 문장)'임을 알 수 있습니다."

양수의 특출난 재능과 명석함이 어느 수준인지 잘 보여주는 사례다.

그러던 어느 날, 조조는 유비와의 대결이 뜻대로 풀리지 않아 깊이 고민하고 있었다. 그때 마침 조조는 밥상에 올라온 닭국 속 닭갈비를 바라보다, 나지막이 '계륵(鷄肋, 닭갈비)'이라 말했다. 이를 들은 부하는 '계륵'이라는 암호를 전군에게 전달했으나, 그 뜻을 아무도 알아차리지 못했다. 그런데 양수만 서둘러 철군 준비를 시작했다. 곁에서 양수를 지켜보던 장수 하우돈이 물었다.

"왜 갑자기 군사를 물리려는 게요?"

그러자 양수는 "주군께서 계륵이라고 했다지요. 계륵은 뼈만 많고 살은 별로 없어서 버리자니 아깝고, 먹자니 딱히 먹을 것도 없는 부위입니다. 주군은 이번 싸움이 계륵처럼 가치가 없을 것 같아 고민하시는 것입니다. 곧 철수하라는 명령이 있을 테니 미리 준비하는 게 좋을 듯합니다."라고 답했다.

뒤늦게 이 소식을 들은 조조는 양수에게 자신의 마음을 들킨 것 같아 노발대발했다. 지금껏 자신을 우롱한 양수가 괘씸해 견딜 수가 없었다. 똑똑하다고 봐주었더니 많은 부하들 앞에서 자신에게 망신을 준 적이 한두 번이 아니었다. 그대로 두었다가는 큰 화가 될 것 같아 불안함을 느낀 조조는, 군사들을 교란시켰다는 죄목으로 양수를 처단했다. 그는 뛰어난 지략가였음에도 불구하고, 조조의 체면을 짓밟은 오만함으로 화를 자초한 것이다.

비단 조조만이 아니다. 사람들은 누구나 체면이 무너졌다고 생각하면, 자존심에 상처를 입는다. 그리고 자존심이 상한 만큼 어떻게든 복수를 하려고 든다. 권력을 갖고 있으면 권력으로 복수하려 들 테고, 힘을 갖고 있으면 힘으로 복수하려 들 것이다. 그것도 안 되면 나쁜 소문을 퍼뜨려서라도 곤란하게 만든다. 따라서 함부로 다른 사람의 체면을 구기면 위험해진다.

상대가 권력자이기 때문에 그의 체면을 지켜주자는 것은 아니다. 내 자존심이 다치면 아픈 것처럼, 다른 사람도 마찬가지기 때문에 서로 지켜주자는 것이다.

세계적인 베스트셀러 《모리와 함께한 화요일》에는 죽음을 앞둔 모리 교수와 그를 인터뷰하는 제자 미치가 등장한다. 유명 방송인으로 성공한 제자는 루게릭병으로 몸이 서서히 굳어가는 스승을 찾아 매주 화요일마다 마지막 가르침을 듣는다. 제자가 물었다.

"지금 조금씩 죽어가는 당신에게 가장 두려운 것은 무엇인가요?"

그러자 모리 교수는 이렇게 말했다.

"어느 날 이 손이 굳어져서 더 이상 내 엉덩이를 직접 닦지 못하고, 다른 사람이 닦아주어야 하는 순간이 올까 두렵네."

이것이 인간의 모습이다. 인간으로서 최소한의 자존심을 유지하려는 것. 그래서 죽어가는 순간에조차 자신의 치부가 드러나는 것을 무엇보다 두려워한다. 그러니 농담이라도 타인의 치부는 절대 들추지 말자. 웃자고 던진 농담에 죽자고 덤비는 사람이 있을 테니.

끄덕끄덕

'여자는 사랑하는 사람을 위해 화장을 하고, 남자는 자신을 인정해 주는 사람을 위해 목숨을 바친다'는 말이 있다. 여자든 남자든 자신 이 인정할 수 있고 나를 인정해주는 사람을 위해, 소중한 것을 기꺼 이 내어놓는다는 의미일 것이다. 이처럼 사람은 누구나 인정받고 싶 어 한다. 그리고 나를 인정해주는 누군가가 늘 곁에 있어주기를 간절 히 바란다.

순추시대에 거문고의 명인名人이 살고 있었다. 그에게는 자신의 거문고 소리를 세상에서 가장 잘 이해해주는 친구가 있었다. 명인이 높은 산에 오르는 장면을 상상하며 거문고를 타노라면, 옆에서 듣고 있다가 "정말 굉장하네. 태산이 눈앞에 우뚝 솟아 있는 느낌이군." 하고 말해주는 친구였다.

한편 유유히 흐르는 강을 떠올리며 거문고를 타고 있으면 "유유히 흐르는 큰 강이 마치 눈앞에 펼쳐진 것 같군. 정말 대단한걸." 하며 놀라울 정도로 명인의 마음을 정확히 짚어냈다.

그럴 때마다 명인은 거문고를 내려놓으며 감탄했다.

"자네야말로 대단하네. 자네의 가슴에 떠오르는 생각은 곧 내 마음과 같아. 자네 앞에서는 도무지 내 기분을 숨길 수가 없군."

그러나 이처럼 각별한 우정을 나누던 그들에게도 불행이 닥쳐왔다. 안타깝게도 명인의 마음을 척척 읽어내던 친구가 병을 얻어 죽고 만 것이다. 그러자 명인은 자신의 거문고 소리를 이해해주는 사람이 세상에 없다는 데 절망한 나머지, 거문고 줄을 끊어버렸다. 그리고 두 번 다시 거문고에 손을 대지 않았다.

이야기 속 거문고 명인은 중국 초나라의 '백아伯牙'라는 사람이다. 그리고 그의 마음을 온전히 읽어낸 이는 친구 '종자기鍾子期'다. 이들의 각별한 우정을 가리켜 소리를 알아주는 친구라 하여 '지음知音'이라 불렀는데, 요즘은 '자신의 마음을 알아주는 친구'라는 뜻으로 쓰인다. 그리고 백아가 친구 종자기의 죽음을 슬퍼해 거문고 줄을 끊고 더 이상 거문고를 타지 않았다는 데서, '백아절현伯牙絶絃'이라는 말도 생겨났다.

지음이라는 단어는 중학교 때였던가, 아무튼 한문시간에 배웠다. 지음이라는 말이 왠지 끌려서 필명을 지음으로 하면 어떨지, 열심히 고민했던 적도 있었다. 하지만 '지은이 : 지음'이라고 쓰면 오타인 줄 알까 봐 관두기로 했다. 지금은 또 다른 느낌으로 '지음'의 의미를 되새기고 있다. 내게 이런 지음이 있을까? 나는 누군가의 지음이 될 수 있을까?

언젠가부터 나 자신에게 막연한 질문을 던지기 시작했다. 내가 지금 제대로 살고 있는 걸까? 이대로 괜찮은 걸까? 막연하지만 절실한 물음이었다. 시원하게 답해줄 만한 사람도 마땅히 없었다. 스물에도 서른에도 계속됐던 이 질문은, 마흔이 넘으면 끝날 줄 알았다. 마흔은 더 이상 흔들리지 않는, 불혹의 나이라고 공자 쌤이 말씀하셨으니까.

그런데 웬걸, 마흔이 되어보니 그렇지만도 않았다. 농담 반 진담 반으로 불면 혹하고 날아가는 나이가 '불혹'이라더니, 여전히 마흔이 넘어서도 흔들리고 불안해하며 살고 있다. 그나마 나만 그런 게 아니라는 사실이 살짝 위로가 된달까. 그래서 더더욱 '종자기' 같은 친구가 필요한지 모르겠다. 그런 친구야말로 내가 뒤뚱거리긴 해도 똑바로 가고 있다고 알려주는, 든든한 나침반 같은 존재이니까.

취업 포털사이트 잡코리아에서 직장인들을 대상으로 다음과 같은 설문조사를 실시했다.

'직장생활에서 가장 사기가 올라갈 때는 언제인가?'라는 질문이었는데, '상사가 나를 인정해줄 때'라는 답변이 26%로 1위를 차지했다. 아! 물론 높은 연봉도 엄청나게 사기를 올려주긴 한다. 그러나 연봉은 불만을 줄여줄 수는 있겠지만, 고액 연봉이 결코 내면의 갈증을 해소할 수는 없다. 인간의 속성상 2배의 연봉을 받으면 그보다 더 많은 액수를 바라게 되어 있다. 누군가 나를 인정하는 것이야말로 고액 연봉이나 승진에 비할 수 없는 최고의 성과일 것이다. '인정'만이 근원적인 목마름을 채워줄 수 있으니까.

인정은 최고의 자양강장제

막연한 불안감에 시달리던 스물여섯 살 무렵이었다. 거래처에 조 과장님이라는 분이 계셨는데, 어느 날 그분과 이야기하다 사소한 아이디어를 제안한 적이 있었다. 그러자 그분이 갑자기 무릎을 탁 치며 맞장구를 치셨다.

"그렇지!"

내가 그때 어떤 말을 했는지는 잘 기억나지 않는다. 하지만 그때 조 과장님의 표정이나 말의 톤만큼은 정확히 기억하고 있다. 그만큼 뿌듯하고 기뻤으니까.

"그렇지!"라는 작은 말 한마디가 막막하던 청춘에 자신감을 불어넣어준 것이다. 그 한마디 덕분에 나는 10년이 넘도록 그 사람을 귀인으로 기억하고 있다. '인정'은 자신감이 바닥을 치고 어디로 가야 할지 막막할 때, 한줄기 등대처럼 환하게 앞을 밝혀주는 힘이다. 열심히 힘내서 뛸 수 있는 '자양강장제'이기도 하다. 그리고 누구든 자신을 인정해준 사람이나 일은 평생 잊지 못한다.

몇 년 전, 인정이라는 단어에 대해 다시금 되새겨볼 기회가 있었다. 경기가 나빠지면서 내가 하는 일도 타격을 입었을 즈음이었다. 돌파구를 찾아야 되는 시점인 줄 알면서도, 마음은 자꾸 도망치고 싶었고 몸은 좀처럼 움직이려 들지 않았다.

그때 친한 선배에게 이런저런 고민을 털어놓게 되었다. 나와 비슷한 시기에 독립했고 엎치락뒤치락하며 비슷한 고비들을 넘겨서인지, 각별한 동료의식이 느껴지는 선배다. 그녀는 처음 봤을 때나 지금이나 한결같이 열정적인 사람으로, 항상 기존보다 더 나은 방식을 고민하고 경쟁자보다 더 많은 것을 주고자 노력하는 프로다.

하지만 그런 선배도 고객의 싸늘한 반응 때문에 마음고생을 심하게 하던 시절이 있었다. 그런데 그때 내가 "왜 사람들이 선배를 몰라주지? 선배가 꼭 본때를 보여주세요."라며 선배를 위로해주었다고 한다. 정작 당사자인 나는 기억나지 않지만.

선배는 나도 기억 못하는 내 한마디가 당시 얼마나 큰 힘이 되었는지, 5년이 지난 후에야 들려주었다. 그러니까 너도 힘내라고, 충분히 잘할 수 있다고 하면서 말이다. 과거에 내가 누군가를 인정하고 위로해주었던 사실이, 시간이 지난 후 마치 부메랑처럼 나에게 더 큰 에너지가 되어 돌아온 것이다.

그렇다. 내 진가를 알아봐주는 사람의 말은 다시 일어설 수 있는 에너지를 준다.

"역시!" "네가 최고야." "덕분에 잘됐어." "난 널 믿어." "당연하지, 누가 한 건데." "그럼 그렇지." "너라면 충분해!" 등등.

우린 이런 말로 힘을 얻기도 하고 상대에게 용기를 주기도 한다. 간절히 듣고 싶은 말이자, 아끼는 사람들에게 들려주고 싶은 말이다. 여기에 행동까지 더해지면 최고의 선물이 된다. 끄덕끄덕 가볍게 고개를 끄덕이거나 엄지손가락만 치켜올려도, 밥 한 번, 술 한잔 사는 것보다 훨씬 강력한 효과가 있다.

나도 강의할 때 청중들의 반응이 좋으면, 신이 나서 더욱 열심히 하게 된다. 강사가 100%를 준비해 와도 200%를 끌어내는 A급 청중들이 있다. 그들은 하나같이 미소를 지으며 고개를 열정적으로 끄덕인다. 앞사람에 가려 강사가 잘 보이지 않을 땐, 기꺼이 고개를 옆으로 빼고 가끔씩 고개를 끄덕이며 열심히 듣고 있다는 것을 온몸으로 표현한다. 그런 청중을 만나는 날은 날아갈 것 같은 기분이 된다. 언뜻 보면 강사가 강의를 주도하는 것 같지만, 실은 그렇지 않다. 청중과 교감을 주고받으며 함께 만들어가는 것이 강의다. 이런 날은 쉬지 않고 두세 시간을 강의해도 전혀 피곤하지 않다. 그들이 단체로 내게 자양강장제가 되어주기 때문이다.

에너지 뱀파이어

그러나 우리 주변을 둘러보면 간혹 에너지 뱀파이어의 얼굴을 한 채 살아가는 사람들을 만나게 된다. 그들은 같은 말이나 행동을 해도 유달리 맥 빠지게 만드는 재주가 있다. 열심히 고개를 끄덕이는데도 진심으로 느껴지지가 않는다. 이유는 속도와 표정이다. 고개를 끄덕이는 속도도 빠르고 이렇다 할 표정도 없어서, '귀찮거든. 알았으니 빨리 하고 나가줘'라고 말하는 것 같다. 같은 행동이지만 전혀 다른 에너지를 전달하는 셈이다. 이렇듯 같은 동작과 말이라도 표현하는 사람에 따라 '명품'과 '짝퉁'으로 나뉜다.

요즘 짝퉁은 워낙 정교해서 진품과 별 차이가 나지 않는다. 그렇지만 자세히 들여다보면 결정적인 두 가지 차이가 있다.

하나, 디테일이 다르다. 짝퉁은 바느질 자국, 무늬, 내피 처리 등 눈에 잘 안 띄는 부분이 엉성하기 짝이 없다.

둘, 자부심이 다르다. 짝퉁도 겉모습은 진품만큼이나 훌륭하다. 그래서 다른 사람들은 잘 구분하지 못할 수도 있다. 그러나 자신은 잘 알 것이다. 내가 든 가방이 진품인지 아닌지. 그에 따라 자부심을 가질 수도, 갖지 못할 수도 있다.

마찬가지로 사람도 명품과 짝퉁으로 나누어볼 수 있다. 다른 사람을 만나면 웃고 악수하고 고개를 끄덕이는 것은 누구나 하는 일반적인 행동이지만, 짝퉁과 명품처럼 미세한 부분에서 차이가 난다. 명품형 인간의 말과 행동은 상대를 이해하고 배려하는 마음과 여유로 가득하다. 과장되지도 않고 부족하지도 않은 진심이 전해진다. 게다가 세월이 흘러도 한결같다. 오히려 시간이 흐르면 흐를수록, 그 사람의 품성이 드러나며 진가를 발휘한다.

그런데 짝퉁형 인간의 말과 행동에서는 도무지 이런 모습을 찾아볼 수가 없다. 그래서 그들과 이야기를 나누다 보면, 피로가 급격히 쌓이고 오히려 에너지를 빼앗기는 느낌이 든다.

이런 짝퉁 에너지 뱀파이어들은 자신이 인정할 수밖에 없는 사람을 만나도, 그 사람의 가치를 쉽게 받아들이지 않는다. 상대를 인정해버리면 자신의 존재가치가 낮아진다고 생각하는 걸까? 이들이 타인을 규정하는 모습은 대부분 질투나 시기의 형태로 드러난다.

예전에 알던 G가 그랬다. G는 누가 됐든 주변에 잘나가는 사람이 있으면, 어떻게든 꼬투리를 잡아서 깎아내리기 바빴다. 실력도 없는 사람이 운이 좋아 그 자리에 갔으니 얼마나 버티겠냐, 완전 독하기로 소문이 자자하던데 주변에 사람이 남아 있겠냐, 집안이 좋아서 덕을 본 것 같던데 뭘 할 수 있겠냐는 등, 그야말로 누가 잘되는 꼴을 보지 못했다. 친하면 친할수록 헐뜯는 정도는 더더욱 심해졌다.

그러다 자신이 인정받게 되면 태도가 확 달라졌다. 이 일에 얼마나 오랫동안 공을 들였는지, 중간에 어떤 위기가 있었는지, 상황은 또 얼마나 열악했는지 등에 대한 무용담을 줄줄 늘어놓았다. G와 함께 이야기하다 보면 뒷목이 뻣뻣해지고 나도 모르게 머리가 무거워졌다.

우리에게 필요한 것은 시기와 질시로 가득 찬 '평가'가 아니라, 나의 마음을 알아줄 '지음'이다. 나의 재능이나 성공을 기쁘게 인정해주는 친구. 나 또한 내 친구의 능력이나 성공을 즐겁게 인정해줄 수 있는 지음이 되고 싶다. 친구가 슬럼프에 빠졌을 때는 기꺼이 힘을 북돋워줄 자양강장제가 되고 싶다. 친구가 세상을 향해 날개를 펼칠 땐 드넓은 활주로가 되어주고 싶다. 지음은 그가 내 곁에 없을 때조차 그의 향기로 나를 채워줄 것이다. 나도 누군가의 곁에 그러한 향기로 머물고 싶다.

토닥토닥

스피치 수업을 할 때면 매일 2개 정도의 주제를 준다.

첫 번째, 나를 술 푸게 만드는 일. 두 번째, 최근에 꽂혀 있는 일. 이 중 하나를 선택해서 자신의 이야기를 들려달라고 하면, 10명 중 7명 정도는 어두운 얘기들을 풀어놓는다. 그만큼 요즘 힘든 사람들이 많은 것 같다.

너나 할 것 없이 힘든데 징징거리는 것처럼 보일까 봐, 힘들다고 투덜대봤자 받아주지도 않을까 봐 드러내놓고 하지 못하던 이야기들을, 멍석을 깔아주니 맘 편하게 풀어놓는다. 회사에서 진행하는 수업에는 여러 과정들이 있는데, 그중에서도 스피치 수업을 마치면 수강생들끼리 더 쉽게 친해진다. 누구든 자신의 속에 있는 얘기들을 끄집어내면 급격히 친밀해진다. 무거운 갑옷을 벗어던진 홀가분한 마음으로 서로의 인생을 한 조각씩 공유하는 느낌이랄까.

괜찮아, 괜찮다니까

스피치 수업을 듣는 수강생 중 조금 튀는(?) 아르바이트를 하는 '대물'이라는 친구가 있다. 드라마나 영화에서 보조출연자로 일하는 친구인데, 그래서인지 같은 이야기도 훨씬 실감나게 표현하는 재주가 있다. 말을 맛깔나게 하는 법은 연기를 하면서 몸소 체득한 것 같다.

'대물'이라는 애칭은 그 친구가 '대물'이라는 드라마에 출연한 걸 보고 다른 학생들이 지어준 것이다. 그는 '나를 술 푸게 만드는 일'이라는 발표에서 자신의 생일에 얽힌 사연을 털어놓았다. 도대체 무슨 일이 있었는지 정확히 말하지 않아서 잘은 모르겠지만, 학창 시절 '엄마가 너 때문에 돌아가셨다'는 친척들의 원망 섞인 말을 들었다고 한다. 그 말을 듣고 난 후 그는 쓸모없는 인생을 절대 축하하지 않겠다고 다짐했다. 심지어 친구들끼리도 흔한 생일파티 한 번 해본 적이 없다고 했다.

그러던 어느 날 대물에게도 멋진 애인이 생겼고, 그 애인이 몰래 친구들을 모아 생일파티를 열어주었다. 태어나줘서 고맙다는 멋진 인사와 함께. 그날 그는 괜히 서러운 마음에 술을 엄청 마셨다고 했다. 안타깝게도 나중에 결혼을 약속했던 그 친구와는 헤어지게 되었고, 지금은 또 그 사람을 생각하며 술을 마신다고 했다.

나를 포함해 그날 그의 이야기를 들으며 함께 수업을 듣던 사람들의 눈시울이 하나같이 붉어졌다.

우린 가끔 별 소용도 없는 위로를 할 때가 있다. "다 지난 일이야.

왜 마음을 쓰고 그래."

물론 쿨하게 잊어버리면 얼마나 좋겠는가. 하지만 지금 그 사람은 '다 지나버린 일'에 아픔을 느끼고 있다. 듣고 있는 사람에게 자기만큼 아파해달라는 것도 아니지 않은가. 그냥 "괜찮아."라는 한마디를 원할 뿐이다. 정말 괜찮은지 안 괜찮은지는 시간이 지나면 그도 알고 나도 알 것이다. 그러니까 지금은 그냥 "괜찮아."라는 한마디면 충분하다.

이렇게 이야기의 물꼬가 트이고 나면, 다들 자기만의 우울한 사연이나 고민들을 하나둘씩 털어놓기 시작한다. 그에 비례해 희한하게도 수업은 점차 활기를 띤다.

내 휴대폰에 '허브미진'이라는 이름으로 저장된 친구가 있다. 수업이 다 끝나고 예쁜 허브 화분과 편지를 놓고 간, 고마운 학생이다. 미진이는 날씬하고 예쁜 얼굴, 건강해 보이는 까무잡잡한 피부까지, 부러운 게 너무나 많은 친구다. 이 친구의 꿈은 항공사 승무원이 되는 것이다.

그런데 미진이의 몸은 꿈을 이루기엔 아주 많이 허약하다. 어렸을 적 놀이터에서 놀았던 기억보다, 병원에 입원했던 기억이 훨씬 더 많을 정도니까. 선천적으로 약한 심장 때문에 여러 차례 수술을 했는데, 지금은 예전보다 많이 좋아졌다고 한다. 그녀는 이제서야 간절히 원하는 꿈이 생겼다며, 지금까지 마음고생만 시킨 가족들에게 홀로 서는 모습을 꼭 보여줄 거라고 활짝 웃었다. 그녀는 매일매일 자신의 여린 심장에 말을 건다고 했다.

"이젠 괜찮아, 다 잘될 거야."

미진이는 가슴을 쓸어내리며 심장을 위로하고 관심을 가져주면, 심장도 틀림없이 알아들을 거라고 했다.

이 말을 받아 부산에서 올라온 다영이가 자신의 꿈 이야기를 조심스럽게 꺼냈다. 다영이는 키가 크고 늘씬한 데다, 시원시원하게 생긴 이국적인 마스크가 매력적인 친구다. 이 친구도 미진이처럼 '승무원'이라는 꿈을 갖고 있다.

다영이는 '꿈을 위한 투자 1,400원'이라는 인상적인 주제로 말문을 텄다.

"대학을 졸업하고 특별히 하는 일 없이 지내던 어느 날, 제가 꿈은 꾸면서도 꿈을 위해 아무것도 하고 있지 않다는 걸 깨달았습니다. 제 모습이 한없는 욕심쟁이처럼 느껴져서 창피했어요. 로또를, 요행을 바라는 것 같았죠. 승무원이 돼서 세상이 얼마나 넓은지 여기저기 다니고 직접 느껴보고 싶다는 생각만 했지, 정작 승무원이 어떤 일을 하는지는 가까이서 본 적조차 없으니까요. 그래서 공항에 가보기로 했답니다. 부산 집에서 김해공항까지 가려면 버스비 1,400원만 내면 됩니다. 처음 승무원들의 활기찬 발걸음과 공항의 들뜬 분위기를 느낀 날, 가슴이 벅차서 잠을 잘 수가 없었어요. 다음 날 공항에서 느겪던 감동을 잊기 전에 영어학원부터 등록했죠. 호감을 주는 외모를 위해 웃는 연습도 많이 하고 다이어트도 하면서 제 자신을 가꾸기 시작했습니다. 그 기분을 잊지 않으려고 공항에는 열 번 정도 더 가보았고요. 이렇게 제가 원하는 꿈을 조금씩 구체적으로 이뤄가고 있습니다. 이런 저의 꿈을 친구에게도 털어놓았는데, 제 이야기에 자극받은 친구도 승무원이 되겠다고 도전을 했죠. 그런데 며칠 전에 그 친구에게서 전화가 왔어요.

'다영아, 나 드디어 합격했어! 넌?'

'나? 난 아직….'

'그래? 열심히 해. 잘될 거야. 힘내고~!'

기쁘기도 했지만, 솔직히 질투가 났습니다. 그래도 실망하지 않고 열심히 하려고요. 제가 꿈을 이루는 1,400원 이야기를 해주면, 친구들이 자극을 받아서 잘되는 거 같아요. 미진이도 잘됐으면 좋겠네요."

활짝 웃는 다영이에게 슬쩍 한마디 던졌다.

"다영인 남들한테 동기부여하는 탁월한 재주가 있네. 이젠 좀 열심히 해. 지각하지 말고."

칭찬 속에 뼈를 묻기는 했지만, 모두가 오랜만에 여유롭게 웃을 수 있었다.

이렇게 저마다 수업을 핑계 삼아 꼭꼭 숨겨둔 사연 한두 가지씩을 내놓는다. 누구나 가슴 뛰는 이야기나 마음 저리는 사연 하나쯤은 갖고 있다.

취업을 준비하는 학생들이 살았으면 얼마나 살았을까 싶지만, 그들에게도 아픔이 있다. 일터에서 승승장구하는 것처럼 보이는 많은 직장인들도 나름대로의 아픔이 있다. 누구나 인정할 만한 사회적 성공에 부러울 것 없어 보이는 리더들에게도 그들만의 말 못하는 아픔이 있다.

위로받고 싶지 않은 사람은 없다

K그룹의 L대표는 오랜 세월 CEO로 일해오신 분이다. 창업주에 이어 2세 경영자까지 보필하면서 지내온 세월을 합하면, 20년 가까이 CEO 자리를 지킨 대단한 내공의 소유자다. 그런 분이 얼마 전 사전 약속도 없이 근처에 왔는데 잠깐 들르겠다며 전화를 걸어왔다. 8년 가까이 뵈었지만 단 한 번도 느닷없이 찾아오신 적이 없었던지라 놀라서 여쭈었다. 무슨 일이 있으시냐고. 별일 아니라고 말씀은 하시지만 쓸쓸함이 가득한 표정이었다.

"많이 지쳤어요. 요새 부쩍 힘이 드네. 좀 쉬고 싶은데, 다들 말리기만 하고."

아내에게 힘들다고 털어놓았더니, 아침 식탁에서 조용히 신문 스크랩을 내밀었다고 했다. 인생에 정년은 없으니 99세까지 팔팔하게 살자, 뭐 그런 내용의 기사였다고. 단 한 번만이라도 모든 걸 내려놓고 여행 좀 다녀왔으면 좋겠는데, 자리를 비울 수도 없어서 정말 답답하다고 했다.

"힘드시죠. 늘 열정적이셔서 잘 몰랐어요. CEO에게도 안식년이 있으면 정말 좋겠는데…."

무슨 말로 위로해드려야 할지, 나도 답답하다. 아직 가보지도 못한 길에서 헤매시는 어른을 내가 무슨 재주로 위로한단 말인가?

"이제부터는 오늘처럼 만나고 싶은 사람이 있으면 고민하지 않고 찾아가려고요. 너무 오랫동안 나만의 틀에 갇혀 살았어요. 그래야만 되는 줄 알았지. 오늘도 그냥 오니까 편한 모습도 보고 좋네요. 오랫동안 이 자리에 있으니 편하게 터놓고 얘기할 만한 사람이 없어요. 다들 눈치만 보지 가까이 오질 않아. 직원들 붙잡고 말할 수도 없고, 와이프는 자기대로 바쁘고."

L대표뿐 아니다. 리더들을 컨설팅하는 경우, 개인의 색깔과 브랜드를 확고히 하기 위해 그의 철학이나 살아온 인생, 주변 상황 등을 먼저 파악해야 한다. 자연스레 리더와 이야기할 시간도 많아진다.

리더 입장에서는 내가 직속 부하가 아닌 외부 전문가이기 때문에, 오히려 가까운 사람에겐 말 못할 사정도 편하게 털어놓는다. 직원들에 대한 이야기나 현재 하는 고민까지, 내용은 다양하다. 대외비로 진행되는 컨설팅은 보안이 확실하니 더욱 편하게 이야기하는 것일 테다.

안타깝게도 대부분의 리더들이 마음을 터놓고 얘기할 대상이 없다는 외로움을 안고 있다. 겉으로 보기엔 많은 것을 가졌지만 가까운 이들에게조차 말하기 어려운 그들의 사연은 그래서 더욱 짠하다. 하지만 아픔을 토해내고 나면 훨씬 더 건강해진다. 그러고 나면 '토닥토닥' 등 다독여주는 사람들이 하나둘씩 생겨난다.

평소 그다지 친하지 않던 사람들도 아픔을 털어놓으면, 의외로 모른 척하지 않는다. 그러니 지금 옆에 있는 사람에게 힘들다고 말해보라. 혹은 고민하는 누군가가 있으면 한마디 건네보자.

"뭔데? 왜 그래. 얘기해봐."

그저 묻기만 해도, 듣고만 있어도 일어설 수 있는 힘이 생긴다. 특별히 무언가를 많이 주려고 애쓸 필요도 없다. 서로 힘 빼는 일은 좋지 않다. 그저 마음만으로도 충분하지 않은가.

나의 고통과 타인의 고통을 단순 비교하는 것은 무의미한 일이다. 아주 객관적인 입장에서 A의 고통이 10이고 B의 고통이 100이라 해도, 두 사람이 체감하는 고통은 모두 50이다. 체감온도와 같은 맥락이다. 필리핀처럼 더운 나라에서 온 사람들에게 우리나라 가을은 몸서리쳐질 정도로 춥다고 한다. 그들에게 우리 가을은 한겨울이나 마찬가지일 것이다.

그런가 하면 그린란드처럼 추운 나라에서 온 사람들에게 우리의 가을은 반팔을 입고 다니는 한여름 같다고 한다. 이처럼 내성이 없는 이에게는 10의 고통도 혹독할 테고, 내성이 강한 이에게는 100의 고통도 견딜 만한 것이다. 그러니 다른 사람의 고통이 내 것보다 작거나 크다고 단언할 수는 없다.

'고통 총합의 법칙'이란 말이 있다. 누구나 살면서 겪어야 할 고통의 양이 똑같이 정해져 있다는 말이다. 그러니 지금 너무 힘들다면, 내가 평생 감당해야 할 몫 중 일부를 미리 겪고 있다고 생각해보자. 그러면 힘이 나지 않을까. '고통 마일리지'를 다 쓰고 나면, 좋은 일만 남아 있을 테니까.

혹시 말 못할 고통 속을 걷고 있다면, '고통 총합의 법칙'이 토닥토닥 마음을 다독여주는 위로가 되었으면 좋겠다. 나에게도, 그에게도, 그리고 당신에게도.

더하고 빼고 나누고 곱하는
소통의 공식

아이들의 수학이 바뀌고 있다. 복잡한 계산이나 공식을 외워서 푸는 문제보다, 서술형 문제의 비중이 커지는 추세다. 초등학교에 다니는 아들의 수학문제만 봐도 그렇다. 예를 들면 이런 식이다.

문제 : 사과 48개, 귤 72개를 최대한 많은 학생에게 남김없이 똑같이
　　　　나누어주려고 합니다. 몇 명에게 나누어줄 수 있을까요?

수학은 문제의 뜻을 잘 이해해야만 풀 수 있다. 상대를 잘 이해해야 서로 소통할 수 있는 것처럼. 따지고 보면 초등학교 때 배운 산수만으로도 모든 관계를 지혜롭게 풀어갈 수 있다. 무엇 때문에 고민하고 있는지, 어떠한 상황에 처해 있는지, 어떻게 위로해야 할지 답이 나온다.

지혜·믿음·신뢰·위로는 더하고, 미움·슬픔·상처·잔소리는 빼고, 행복·기쁨·사랑·공감은 곱하고, 추억·마음·시간·고민은 나누고.

4명의 형제를 둔 아버지가 중병에 걸려 위독한 상태에 빠졌다. 아버지는 자신이 죽고 난 후에 유산을 놓고 형제간에 다툼이 일어날 것을 염려해 아들들에게 한 가지 문제를 냈다.

"애들아, 내가 죽거든 소 15마리를 꼭 내 유언대로 나눠라. 먼저 큰아들에게는 소의 절반, 1/2을 주겠다. 그리고 둘째에게는 나머지 반의 반, 1/4을 주겠다. 셋째에게는 소 15마리 중 1/8을 주겠다. 마지막으로 사랑하는 막내에게는 소의 1/16을 주겠다. 다만 한 가지, 이 점을 꼭 명심해야 한다. 절대 소를 죽여서 나눠선 안 된다."

유언을 들은 형제들은 고민에 빠졌다. 아버지의 유언대로 소를 나누자니 1마리가 부족했기 때문이다. 그렇다고 소를 죽여서 나누자니 아버지의 마지막 말씀을 어기는 일이라, 그렇게도 할 수 없었다.

때마침 소 1마리를 몰고 지나가던 랍비가 근심에 찬 형제들을 보고는 이렇게 물었다.

"왜들 그러십니까?"

형제들은 랍비에게 아버지의 유언을 들려주며, 어떻게 해야 소를 안 죽이고 나눌 수 있을지 모르겠다고 하소연을 늘어놓았다.

그러자 랍비는 웃으며 말했다.

"자, 제가 공평하게 나누어드리죠. 먼저 제가 가진 소 1마리를 여러분께 드리면 간단합니다. 그러면 전부 16마리가 되니까, 첫째 아드님께는 16마리의 절반인 8마리를, 둘째 아드님께는 1/4인 4마리를, 셋째 아드님께는 1/8인 2마리를 주면 되겠네요. 그리고 막내 아드님은 1/16이니까 1마리. 자 그럼 1마리가 남는군요. 이건 아까 드린 제 소니까 다시 제가 갖겠습니다."

앗, 뭐지? 나는 랍비의 셈법을 한 번에 이해하지 못했다. 복잡한 걸 싫어하는 나는, '그냥 형이 1마리 덜 가지면 되겠네, 어차피 제일 많이 갖는데'라는 생각밖에 하지 못했다. 정신을 가다듬고 세 번쯤 집중해서 읽은 다음에야, 겨우 '아하!' 하고 이해할 수 있었다. 에잇, 둔하기는.

예나 지금이나 내게 수학은 너무 어렵다. 내가 랍비의 셈법을 이해하지 못한 건 형제들의 생각과 다르지 않았기 때문이다. 가진 것 안에서 나눠야 한다는 생각에서 벗어나지 못한 탓이다. 다른 사람의 것과 더하면, 수월하게 나눌 수 있다는 사실을 생각조차 못한 것이다.

고통은 나누고

내게는 좀처럼 지워지지 않는 콤플렉스가 있다. 바로 '맏딸 콤플렉스'다.

"넌 맏딸이니까 동생들한테 양보해야지." "큰딸은 살림밑천이다." "원래 맏이는 다 그렇게 하는 거야."라는 말을 어릴 적부터 들으며 자란 탓이다.

앞에서 형제들에게 소를 나누어주는 문제를 풀면서도 '큰형이 양보하면 될 텐데'라는 생각부터 할 만큼, 내게는 '최면' 비슷한 맏딸 콤플렉스가 있다. 부모님이 걸어둔 최면효과. 내가 아는 맏이들은 위기가 닥치면 기꺼이 본인이 먼저 희생을 한다. 그들도 나와 비슷한 최면에 걸렸나 보다.

얼마 전 가까운 후배가 아버지의 사업 실패로 집도 없어지고 아버지 건강마저 악화된 상황에서, 과거의 나와 비슷한 선택을 하는 것을 지켜보았다. 후배는 중국에서 유학 중인 동생에게까지 피해를 주고 싶지 않다고 했다. 어떻게든 학업을 마치게 해주고 싶은 모양이었다. 장학금을 받고 있으니 학비는 그렇다 쳐도 생활비는 어쩔 거냐는 질문에, 일단 자기가 벌어보고 안 되면 그때 가서 생각해보겠다고 했다 (중국은 법으로 유학생의 아르바이트가 금지되어 있다). 마음이야 기특하지만, 이제 갓 대학을 졸업한 신참내기인 후배가 혼자 감당하기엔 부담스러운 짐이다.

나도 그랬다. 스무 살 무렵 오랜 지병으로 고생하던 아버지가 돌아가시고 엄마마저 병으로 드러눕자, 다섯 식구의 생계와 병원비는 온전히 나의 몫이 되었다. 시간이 흘러 동생들은 어른이 되었지만, 군말 없이 가정을 꾸려나가는 언니를 도울 생각은 미처 못했다고 했다.

나 또한 어떻게 짐을 나눠야 할지 몰라서, 늘 하던 대로 혼자 가장 역할을 하며 살았다. 그러고는 가장으로 산 지 10년째 되던 해, 여전히 거동이 불편한 엄마와 동생들을 놔두고 결혼을 했다. 나는 이제 지쳤으니 더 이상은 못하겠다고 두 손 들어버린 것이다. 아무런 대책도 없이.

그런데 정말 신기하게도 철부지 같았던 동생들이 내 대신 책임을 나누어 돈도 벌고 엄마도 돌보기 시작했다. 진즉 나도 힘들다고 고백하고 도와달라고 손을 내밀었으면, 그렇게 진저리를 치며 도망치지 않아도 됐을 텐데…. 지금 생각해보면, 참 바보같은 세월이었다.

이제는 모두가 할 수 있는 만큼 동생들과 나누어 책임을 지고 있다. 경험을 통해서 배운 거다. 고통은 나눌수록 줄어든다는 사실을.

살다 보면 마치 모기가 소를 업으려는 것처럼, 능력은 부족한데 과도한 책임감에 억눌릴 때가 있다. 그때는 과감하게 내가 가진 패를 내보여야 한다. 내가 쥐고 있는 패는 이거라고. 그러면 상대도 기꺼이 자신을 보여준다. 입 꾹 다물고 있으면 아무도 알아주지 않는다. 그저 참을 만한가 보다, 별일 아닌가 보다, 라고 믿고 넘어갈 뿐. 소통은 고통을 나누어준다. 고생 끝에 내 나름대로 내린 결론이다.

위로는 더하고

친구 J는 요즘 불면증에 시달리고 있다. 잠을 못 자니 다크서클이 무릎까지 내려올 만큼 힘들어 죽겠다고 만날 때마다 징징댄다. 친구도 나와 비슷한 처지여서 항상 부모님 걱정을 입에 달고 산다. 하루

이틀 고민해서 될 일이 아니란 걸 알기에 더더욱 안타깝다.

나는 걱정을 함께 나눌 형제자매라도 있지만, 친구는 그렇지 못하다는 게 더 안쓰러웠다. 친구에게 무얼 해줄까 한참을 궁리하다 걱정을 대신해준다는 '워리돌(걱정인형)'을 선물하기로 했다(베개 속에 워리돌을 넣고 자면, 인형이 밤새 걱정을 대신 해주어서 편히 잠들 수 있다고 한다). 인터넷에서 산 워리돌은 생각보다 작은, 말라깽이 인형이었다. 새끼손가락만 한 크기에 굵기도 고작 성냥개비 2~3개를 합쳐놓은 정도?

그래서인지 몰라도 이 빈약한 인형의 '능력'이 의심스러웠다. 아무래도 걱정을 짊어지기엔 카리스마 함량 미달이랄까? 그래서 생각다 못해 워리돌을 자체 제작하기로 했다. 보아하니 얼추 허수아비랑 비슷한 게 10분이면 뚝딱 만들 수 있을 것 같았다. 여기에 그럴싸한 이목구비를 그려넣었더니 정말 오던 걱정이 무서워서 달아날 것 같은 얼굴이 되어버렸다. 아, 성공했다!

기왕 만드는 거 베개에 좀 많이 넣어두면 든든하겠다 싶어서 여러 개 만들었다. 함께 걱정해준다고 친구의 걱정이 해결되는 게 아니라는 것쯤은 잘 알고 있다. 하지만 힘들 땐 누군가 내 걱정을 해준다는 사실만으로도 위로가 된다. 나도 네 맘을 안다고 조금만 표현해줘도 웃음이 날 정도로.

얼마 전 워리돌을 판매하는 사이트가 대박났다는 기사를 읽었다. 그만큼 위로받고 싶은 사람이 많아진 모양이다. 열심히 노력했는데 뜻대로 되지 않을 때, 해도 해도 밑 빠진 독에 물 붓는 심정일 때, 누군가 네 탓이 아니라고 말해줄 사람이 필요하다. 아프고 힘들 땐 쉬어가는 것도 괜찮다고. 넌 할 만큼 했다고 말해줄 사람이 필요한 것이다.

고민을 푸는 것은 결국 본인의 몫이다. 누구든 그 정도 자생력은 갖고 있다. 다만 곁에서 재촉하지 않고 기다려주면 된다. 힘들어하는 주위 사람에게 서툰 솜씨나마 '워리돌'을 만들어 선물하면 어떨까. 그리고 한마디 건네면 더할 나위 없을 것이다.

"괜찮아! 어차피 다 지나가."

잔소리는 빼고

난 세상에서 제일 싫은 게 잔소리다. 하는 것도 싫고 듣는 것도 싫다. 어디 나뿐일까? 잔소리를 반기는 사람은 아무도 없을 것이다.

그런데 나이가 들수록 '애정'과 '관심'이라는 핑계로 자꾸 잔소리하려는 나를 보게 된다. 세상에서 제일 안 먹히는 소리가 잔소리라는 걸 알면서, 직장동료든, 가족이든, 소중한 사람들의 인생이 걱정된다는 이유로 자꾸 잔소리를 늘어놓는 것이다.

잔소리가 안 먹히는 데는 몇 가지 이유가 있다. 먼저 '무한반복'이라는 첨단 기능. 누구에게나 부족한 부분, 단점은 있다. 단점은 좀처럼 고치기 힘들기 때문에 자꾸 실수를 되풀이한다. 그럴 때마다 '이래라 저래라' 내지는 '왜 못하는 거냐'고 아픈 소리를 해대면, 정말 짜증만 난다. 게다가 그게 아닌 줄 알면서도 목숨 걸고 심술을 부리는 사람도 있다. 오히려 어깃장을 놓는 거다.

잔소리가 안 통하는 또 다른 이유는 '비교' 때문이다. '누구는 이렇다던데'라는 식의 비교. 세상 모든 이웃집 남편과 친구 아내, 그들의 아들딸은 어쩌면 그렇게 100% 완벽한지. 그들이 현실에 존재하는 사람인지는 알 수 없다. 전설로만 떠도는 존재일 수도 있고, 가상인물일 수도 있고, 과장된 인물일 수도 있다. 가장 중요한 건 그렇게까지 해서 사랑하는 사람의 기를 죽여놓아도 얻을 게 없다는 거다. 스트레스는 잠시 풀릴지 모르겠지만.

게다가 비교는 단순히 비교에서 끝나지 않는다. 상대방의 마음을 할퀴며 '반발'을 불러일으킨다.

"그러는 당신은 잘하는 줄 알아?"

이렇게 되면 '네버엔딩스토리'가 되기 싶다.

더 이상 '딱 맞아 떨어지는' 답을 찾는 데만 집착해서는 안 된다. 조금 에둘러 가더라도, 서로의 입장을 살피고, 이해하고, 공감하고, 위로하며 찬찬히 가는 게 좋다. 그래야 서로 쉽고 편안하게 소통할 수 있다. 서로 풀어보자고, 터놓고 이야기하자고 하고선, '어려운' 말로 난이도를 높이고 애매한 감정표현으로 함정을 파는 건, 일부러 풀기 어려운 문제를 내는 것과 같다.

그건 풀어보자는 얘기가 아니라, 은근히 거리를 두겠다는 것이다. 귀찮은 일은 사전에 차단하겠다는 의도다.

자, 소통의 공식은 의외로 간단하다! "고통은 나누고, 위로는 더하고, 잔소리는 뺄 것!"

어라, 곱하기가 빠졌네. 마지막 곱하기는 '실행'이다. 실행이 0이면 전부 곱해도 '제로'가 되니까.

일촌 피드백

난 지독한 방향치에 길치다. 약 40년 세월을 통틀어 가장 자랑할 만한 일이 바로 운전면허를 딴 것일지도. 물론 지금은 무리 없이 운전하고 있다.

음… '무리 없이'라는 건 오로지 내 생각인가? 사실 난 꽤나 민폐성 드라이버다. 운전경력 7년차인데도 여전히 차선을 바꾸는 데 애를 먹는다. 옆쪽 차선으로 끼어들 때는 우측 깜빡이를 켜고 1cm씩, 최대한 슬로 버전으로 방향을 바꾼다. 완전 비굴하고 소심하게 뒤에 오는 차에 내 방식대로 말을 거는 것이다.

'자, 제가 끼어들고 있는 거 보이시죠. 알아서 공간 확보하시는 게 좋을 거예요.'라는 무언의 경고 내지는 양해랄까. 안 들려서 그렇지 아마 다른 운전자들에게 무지하게 욕을 먹고 있을 것이다. 내가 오래 산다면 아마 이 때문일지도.

유독 순발력이 부족한 내가 운전을 배울 때 가장 힘들었던 건, '돌발' 신호에서 브레이크를 밟는 거였다. 한번은 교습 중에 돌발 신호가 걸렸는데, 브레이크를 밟는다는 게 실수로 액셀을 밟아 교육장 가드레일을 들이받은 적도 있다.

그때 지도해주시던 선생님이 이렇게 말씀하셨다.

"잘하셨어요. 괜찮습니다. 만약 도로에서 그랬으면 큰 사고가 났을 거예요. 실수는 저랑 있을 때 최대한 많이 하세요. 그래야 고쳐줄 수 있으니까요. 지금 잘해봤자 아무 소용 없습니다."

그 후로 적어도 '돌발'에서는 더 이상 실수를 하지 않았다. 선생님 말씀대로 도로에 나오니, 훨씬 많은 돌발 상황이 발생했다. 민망할 정도로 운동신경이 없는 내가 그나마 무사히 다닐 수 있는 건, 그때 그 선생님 덕분일 것이다.

인터넷 공간에서 가장 가까운 친구집단을 '일촌'이라 부른다. '일촌 피드백'은 운전교습 선생님이 해주신 격려와 조언처럼, 상대방의 안녕과 행복 그리고 성장을 위해 아낌없이 해주는 순수한 피드백이다. 일촌만큼 가까운 사람들만이 사심 없이 해줄 수 있는 조언이라는 뜻이다. 나 또한 고객들에게, 후배들에게, 이제 막 사회생활을 시작하는 신입사원들에게 언제나 일촌 피드백을 해주려 애쓴다.

내가 줄 수 있는 있는 최고의 피드백은 실전에 나가기 전, 나와 연습하는 동안에는 마음놓고 실수를 하라는 것이다. 이제 이곳을 떠나

전문가 앞에서 실수를 하면 타격이 클 테니, 나와 함께하는 동안 할 수 있는 모든 실수를 하라고 격려해주고 싶다. 그때 운전교습 선생님이 그랬던 것처럼.

내가 '피드백'을 의식하게 된 것은 지금 하는 일 때문이기도 하다. 컨설턴트라는 직업은 다소 피곤한 부분이 있다. 일단 나 자신이 전하는 메시지에 맞게 스스로를 가다듬지 않으면, 강의든, 컨설팅이든, 고객들에게 당당한 모습을 보여줄 수 없다. 그래서 같은 일을 하는 후배들에게도 되도록 냉정하고 객관적인 피드백을 하는 편이다. 나 또한 항상 피드백을 받는다. 옷차림부터 강의 내용, 방송이나 원고까지, 외부로 노출되는 모든 모습에 대해 피드백을 받고 반영하려 노력한다. 그럼에도 좀처럼 안 되는 게 있긴 하지만.

바로 '살' 빼는 것. 언젠가는 바로크 시대 여성의 풍만한 몸매가 사랑받는 시대가 올 거라 굳게 믿고 있다.

어쨌든 동료들끼리 솔직하게 주고받는 생산적인 피드백은 서로를 성장시키는 최고의 동력이다. 여기서 꼭 기억해야 할 것은 피드백을 할 때 절대 '위아래'를 구분해서는 안 된다는 사실. 밖에 나가서 욕먹는 것보다, 안에서 욕먹고 밖에서 잘하는 게 중요하다. 특히 나이가 많아지거나 직급이 높아질수록 뭐라 피드백을 하기도 어렵지만, 피드백을 받기란 더 어렵다. 위로 올라갈수록 아랫사람에게 자신을 먹잇감으로 내놓아야 한다. 그러지 않으면 자기만의 세계에 빠져버린, 어딘지 모르게 불편한 윗사람이 돼버리기 십상이다.

전문가 입장에서도 피드백하기 가장 어려운 대상은, '감히 누가 내게'라는 뻣뻣한 자세를 가진 리더들이다. 이런 리더들에게 피드백을 하려면 상당한 용기와 전문성이 요구된다. 그들에게 피드백을 할 때 가장 심혈을 기울이는 부분은 신뢰를 심어주는 것이다. 짧은 시간 안에 상대를 최대한 분석하고, 장점과 단점을 파악해 촌철살인의 멘트를 날려야만 믿고 따라준다. 일단 상대방에게 신뢰를 느끼면, 이들은 어느 누구보다 적극적으로 피드백을 받아들인다. 자기애는 물론, 자기계발에 대한 욕구와 의지가 강하기 때문이다.

그럼에도 끝까지 자신의 부족한 부분을 컨설턴트에게 보이지 않으려는 분들이 있다. 이분들은 한사코 다음에 잘할 테니, 이번에는 시범만 보여달라고 한다. 그러나 그렇게 하시는 분들은 좀처럼 변하지 않는다. 뭐든 전부 잘할 수 없는 법이거늘, 그걸 쉽사리 인정하기 어려운 것 같다. 그래서 피드백은 주는 쪽이나 받는 쪽이나 유연한 마음가짐이 필수다.

'절대 욱하거나 삐치지 않기'로 약속하고, 스피치 수업에 '일촌 피드백'을 도입한 결과, 놀라운 점을 발견했다. 세상에서 제일 쉬운 게 남을 비판하는 일이라는 것. 이렇다 할 전문성이 없는 이들도 남을 깎아내리는 것은 전문적으로(?) 할 수 있다. 자기는 할 줄 몰라도 다른 사람이 잘하는지 못하는지는 귀신같이 알고 평가하는 것이다. 그

래서 이 점을 염두에 두고 '피드백'에서 꼭 지켜야 할 사항을 다음과
같이 정리해보았다.

진심을 보여라

일본사회의 특징으로 종종 '혼네'와 '다테마에'를 언급한다. 혼네
는 진짜 속마음이고, 다테마에는 겉으로 드러내는 포장된 마음인데,
일본인들이 속내를 드러내지 않는 모습을 '다테마에'라 한다. 요즘
우리 사회에도 그에 못지않은 '다테마에'가 존재한다. 다테마에를 한
자로 쓰면, 세울 건建에 앞 전前. 즉 진짜 속내 앞에 포장된 마음을 세
우는 것이다. 우리식 '다테마에'는 타인과 문제가 생길 만한 말이나
행동은 하지 않도록, 번지르르하게 포장된 달콤한 대화로 세련된 벽
을 세우는 데 가깝다.

오지랖 넓게 이러쿵저러쿵 입바른 소리를 해서 관계를 악화시키기
보다, 적정 거리를 유지하며 귀찮은 일을 만들지 않는 것이 세련된
인간관계의 스킬이다. 이런 경우 실수가 줄어들지는 몰라도 내 편도
네 편도 아닌 형식적인 인간관계를 유지할 수밖에 없다. 모두와 일촌
을 맺을 필요는 없지만, '리얼 일촌'은 있어야 하지 않을까. 먼저 '다
테마에'를 버리고 상대를 대해보자.

입에 쓴 약은 캡슐에 싸라

수업 중에 간혹 듣는 말이 있다. 이거야말로 진짜 피드백일까?

"선생님 말씀은 자다가도 생각나서 벌떡벌떡 일어나게 돼요. 살살 좀 다뤄주세요." 아무래도 모질고 독하게 피드백을 한다는 이야기이리라. 나름 칭찬을 하면서 피드백을 하는데도, 쓴소리가 더 크게 와닿는 모양이다.

그러다가도 대부분의 학생들이 두 번째, 세 번째 시간이 되면 어느새 나의 피드백에 속 시원해한다. 부족한 부분을 콕 집어주니 고민할 필요가 없어서 좋다는 것이다. 그러나 간혹 쓴소리를 들으면 회복하지 못하는 친구들이 있다. 자신감이 약할수록 그렇다. 기초체력이 부족한 사람들은 쓰디쓴 피드백을 들으면 바로 뱉어낸다. 그리고 다시는 먹으려 들지 않는다.

나도 시간이 지나면서 배운 게 있다. 그런 이들에게는 쓴 약을 먹이기 전에 사탕을 줘야 한다는 것. 사탕으로 입안을 달콤하게 만들거나, 쓴 약을 캡슐에 싸서 주어야 한다. 먹기 힘든 쓴 약이 캡슐에 들어 있는 것처럼, 강점은 최대한 칭찬하고 약점은 무심한 듯 슬쩍 지적해야 받아먹기 쉽다. 물론 성장이 더딜 수는 있을 것이다. 그러나 빠른 성장보다 체력 회복이 우선인 이들에게는, 조금은 다른 처방전이 필요하다.

일촌도 일촌 나름

"우리가 남이가, 척 하면 다 아는 거지. 말로 꼭 해야 아나." 이런 말을 한 번쯤은 들어봤을 것이다. 이처럼 자신을 드러내지 않는 과묵

한 일촌이 있는가 하면, 욕을 빼면 별로 기억에 남는 게 없는 막말 일촌도 있다.

"다 너 위해서 그러는 거야. 내가 너니까 하는 말이야."로 시작해서 끝없이 잔소리를 반복하는 일촌도 있다. 일명 엄마표 일촌들이다. 엄마의 잔소리가 나를 위한 얘기인 줄 알면서도 뱉어버리고 싶은 건, 고성능 리플레이 기능 때문이다.

이렇게 일촌도 일촌 나름인 것처럼, 피드백도 종류가 다양하다.《피드백 이야기》의 저자 리처드 윌리엄스에 의하면 피드백에는 지지적 피드백(행동 반복), 교정적 피드백(행동 변화), 학대적 피드백(모멸), 무의미한 피드백(미미한 반응)이라는 네 가지 유형이 있다고 한다.

참 잘했어요, 지지적 피드백

상대를 지지하며 긍정적인 행동을 계속 이끌어내는 지지적 피드백은 우리집 푸들 모녀를 훈련시킬 때도 효과적이다. 배변판에 '쉬야'와 '응가'를 잘 가렸을 때, 호들갑을 떨며 칭찬해주면 된다. 개들은 비록 사람 말은 못 알아들어도, 분위기는 기가 막히게 읽어내는 재주가 있다.

이때는 되도록 구체적인 행동을 칭찬해야 한다. 배변판을 가리키며 최대한 목소리 톤을 높이고 호들갑을 떤다.

"우리 아공이, 여기다 쉬야했구나! 잘했어. 너무너무 잘했어. 아공이 짱!짱!짱!"

그다음에는 행동의 결과를 알려줘야 한다. 맛있는 간식을 신속하게 바쳐(?) 다음에 같은 일을 했을 때 동일한 보상이 따를 것임을 상기시키는 것이다. 여기까지는 동물과 사람에게 똑같이 적용되는 방법이다. 그런데 사람은 다음 두 가지 정도가 더 필요하다.

첫 번째, 상대방의 행동에 대해 무엇을 어떻게 느꼈는지 구체적으로 언급해야 한다. "이 대리가 쓴 보고서는 일목요연하게 정리가 되어 있어서 언제나 읽기 편해."라는 식으로 말이다.

두 번째, 왜 그렇게 느꼈는지를 구체적으로 설명해준다. 단지 잘했다거나 훌륭하다는 말로는 긍정적인 행동을 계속 끌어내기 힘들다. 보고서에 수치와 데이터 등이 상세하게 첨부되어 있어서 설득력이 높다든지, 내용이 간단명료하게 정리되어 있어서 보기 편하다든지, 구체적인 피드백을 해주어야 다음번에도 같은 결과를 이끌어낼 수 있다.

변화를 원할 땐, 교정적 피드백

교정적 피드백의 목적은 문제가 되는 행동을 변화시키는 것이다. 교정적 피드백을 한답시고 무조건 비난하거나 잔소리를 해서, 마음에 생채기를 내는 경우가 많다. 교정적 피드백은 지지적 피드백과 순서가 같다. 다만 최종적으로 무엇을 어떻게 변화시켜야 하는지 설명하는 차이가 있을 뿐.

항상 상사의 지시에 늦장 대응을 하는 직원을 예로 들어보자.

1. 다음과 같이 구체적인 행동을 설명한다.

"강 대리는 보고서를 마감보다 한두 시간씩 늦게 내는 경향이 있어. 더 잘해보려는 노력은 알겠지만, 자꾸 수정해서 일처리를 늦어지게 하는군."

2. 다음 행동의 결과를 설명한다.

"보고서가 늦어지면 그 후의 절차까지 차질을 빚게 되거든."

3. 행동에 대해서 어떻게 느꼈는지 설명한다.

"한두 시간 늦는 게 사소하다 여길 수도 있겠지만, 다른 사람 일정이나 결정에 차질을 빚는다면 함께 일하는 데 문제가 생길 수 있네."

4. 왜 그렇게 느꼈는지 설명한다.

"강 대리가 약속시간을 자주 어겨서 여러 사람 업무에 차질이 생기니까, 내 입장에서는 자네에게 중요한 업무를 계속 맡겨야 할지 고민할 수밖에 없어."

5. 마지막으로 무엇을 어떻게 개선해야 하는지 설명한다.

"앞으로는 12시까지 약속한 업무라면 11시를 마감으로 생각하고 일을 처리하도록 하게. 그리고 자기가 한 일은 문제점을 찾기 어려우니까, 김 과장에게 부탁해서 제출 전에 최종적으로 점검을 받아보게나. 그럼 훨씬 좋은 결과물을 마감 전에 낼 수 있을 거야."

누군가에게 받는 피드백의 질과 양에 따라 인생의 격이 달라질 수 있다. 일촌만큼 가까운 사이임에도 피드백을 주고받지 않는 것은, 상대에게 성장할 수 있는 자양분을 주지 않는 것과 같다. 서로가 엮이는 것도 불편하고 시간을 뺏기는 것도 싫으니, 알아서 크라는 식이다.

온라인상 일촌은 맺을 때는 동의가 필요하지만, 언제든 일방적으로 끊을 수 있는 관계다. 상대를 일회성 만남이 아닌 '진정한 일촌'으로 생각한다면, 무의미한 피드백이 아니라 거름을 듬뿍 얹은 교정적 피드백을 주어야 한다. 거름은 향기롭진 않지만, 병충해를 견디고 더욱더 튼실한 열매를 맺을 수 있게 만든다. 지금 옆에 있는 일촌에게 가장 향기로운(?) 거름을 주자. 가능하면 라지 사이즈로!

솔직 vs. 진심

미국 경제지 〈포춘〉에 의하면, 세계 500대 기업의 평균수명은 대략 40~50년이라고 한다.

일본은 상대적으로 장수 기업이 많은 편인데, 그중에서도 718년에 세워져 약 1,300년의 역사를 자랑하는 '호시료칸'이라는 호텔이 유명하다. 현재 52대손이 운영하고 있는 호시료칸은 세계에서 가장 오래된 호텔로 기네스북에 올라 있을 만큼, 기나긴 역사와 전통을 자랑하는 곳이다. 무수한 별처럼 많은 기업이 탄생하고 사라져가는 동안에도, 호시료칸은 북극성처럼 늘 그 자리를 굳건히 지켜왔다. 도대체 무엇 때문에 이런 일이 가능했을까?

호시료칸은 '장자승계'를 원칙으로 한다. 호텔을 물려받는 사람은 후계자가 되는 동시에, 창업자의 이름인 '호시젠고로'로 개명을 해야 한다. 이름과 함께 창업자가 처음 호시료칸을 세울 때의 정신까지 함께 물려받는 것이다. 호시료칸의 '46대 호시젠고로'는 마음이 조금이라도 흔들릴 때면, '일기일회—期—會'라는 말을 몇 번이고 썼다고 한다. '일기일회'는 생애 단 한 번의 만남이라는 뜻으로, 지금이 처음이자 마지막 만남이니 온 정성을 다해 손님을 맞겠다는 의지가 담겨 있다.

처음부터 끝까지 진심을 다해 손님에게 식사를 대접하고, 정원을 가꾸고, 돌아가는 길을 배웅한다. 1,000년을 기다려 단 한 번의 만남을 가졌으니, 일생일대에 최고로 남을 만한 대접을 하겠다는 것이다. 상투적인 말처럼 들릴지 모르겠지만, 호시료칸을 1,300년이나 장수하게 만든 원동력은 고객을 대하는 진심이 아니었을까.

진심은 언젠가 꼭 통하게 되어 있다

사람도 그렇다. 진심은 분명 통하기 마련이다.

만나는 동안에는 그 사람 아니면 죽을 것 같았던 사람도 시간이 지나면 잊혀진다. '내가 그런 사람을 좋아했다니, 미쳤지'라는 후회가 드는 사람도 있다. 그런가 하면 있어도 그만 없어도 그만인 '스페어 타이어' 같던 사람이 시간이 지난 후에 재평가되기도 한다. 부르기만 하면 어디서든 돌쇠처럼 달려와주던 그를 떠올리며 '그땐 몰랐는데 참 좋은 사람이었구나'라고 생각하는 것이다.

조금 엉뚱한 생각이긴 하지만, 나 같은 경우 어쩌다 남편과 크게 싸운 날이면 간혹 헤어진 남자친구가 생각날 때도 있다. '그 사람과 결혼했다면 지금쯤 어땠을까?' 하고.

열렬하던 사랑이 끝나고 마음이 식더라도, 내게 진심이었던 상대는 오래토록 기억에 남는다. 그렇게 시간이 흐르고 나면, 자연히 수면 위로 모습을 드러내는 것과 가라앉는 것이 있다. 그것이 바로 '진심'이다. 진심은 소박해서 눈에 잘 들어오지도 않고, 세련되지도 않고 화려하지도 않지만, 나름의 '무게감'이 있다.

아쉽게도 어딘가 모자란 듯 소박한 '진심'이 마음에 들어올 때면, 대개 화려한 기교에 마음을 다치고 난 후다. 화려함의 이면에 별다른 것이 없음을 확인하고 나면, 씁쓸함만 남는다. 뒤늦게야 촌스럽지만 무게감이 느껴지는 '진심'을 알아보는 눈이 생긴 것이다.

'좀 더 일찍 알아봤더라면 팔자가 바뀌었을 텐데…. 아깝다'

스피치 강의를 하다 보면, 많은 사람들의 이야기를 듣게 된다. 이야기가 한 바퀴 돌고 나면, 마음에 드는 사람이 생긴다. 시간이 흐른 후에도 그 사람의 말이 뇌리에 남아, 나의 삶에 영향을 미친다. 그들은 번지르르한 성공담이나 유려한 화술을 통해서가 아니라, 담담하게 진심을 전달할 줄 아는 사람들이다. 부족한 스킬을 메울 수 있는 것은 '진심'이다.

아나운서로 일하는 후배는 징글징글한(?) 연애를 끝내더니 이렇게 말했다.

"난 말 잘하는 사람들이 싫어요. 정말 말만 잘하는 사람들. 차라리 좀 어눌한 게 나아요. 자기가 뱉어놓은 말을 책임질 수만 있으면 되니까요."

하물며 말로 먹고사는 아나운서도 그런 말을 했다.

엄마는 나이 서른에 시집가는 딸을 앉혀놓고 말씀하셨다.

"난 네 아빠가 말 잘하는 게 너무 미웠다. 너도 네 애비 닮아 말을 잘해서 밉상일 때가 많아. 결혼하거든 절대 그러지 마라. 엄마는 말은 잘 못하는데 성질은 급해서 화만 내고, 그래서 싸우기도 많이 싸웠어. 말 잘해서 남편 질리게 하지 말고 성질 부리지도 마. 너라도 잘 살아야지."

엄마는 말을 너무 잘하면 상대를 억울한 사람으로 만들어버릴 수 있다고 하셨다. 상대의 뛰어난 말솜씨에 휘말려 그 순간에는 '그런가? 내가 잘못했나?'라고 생각하다가도, 시간이 지나 곰곰이 생각해보면 억울하고 분한 마음이 자꾸 든다는 것이다.

뛰어난 말솜씨로 상대를 눌러버리면 그 순간에는 이겼다고 착각할 수도 있다. 하지만 멋지게 눌러줬던 그 사람들은 시간이 흐르고 나면 내 곁에 남아 있지 않다. 가족이라 떠나지 못하고 함께 산다 해도, '남보다 못한' 관계로 살아간다. 세상에 억울함을 즐길 사람은 아무도 없으니까. '어눌한' 진심은 '세련된' 스킬보다 중요하다. 휘얼~씬.

솔직, 가장 무서운 단어

그러나 진심과 솔직은 또 다른 얘기다. '솔직히 말하면'이라는 말을 들을 때마다, 나도 모르게 긴장하게 된다. 일반적으로 '솔직히 말하면'이라는 말 뒤에는, 부정적인 내용이 따라붙기 때문이다. 많은 사람들이 해서는 안 될 커밍아웃성 발언을 할 때, '솔직히 말하면'이라는 말로 포문을 연다.

어느 취업 포털사이트의 조사에 의하면 면접관들이 꼽은 최악의 답변 중 하나가 '솔직히 말씀드리자면'이라고 한다.

그런 만큼 '솔직히 말하면'이라는 말은 듣는 사람에게 긴장감을 유발시킨다. '솔직'이라는 좋은 말로 포장되었다 해도, 그 안을 들여다보면 대부분이 걸러지지 않은 미숙한 감정 그대로다. 미숙한 말들을 '솔직함'으로 포장한다고 해서 '우량한' 말이 되지는 않는다.

특히 착하디착한 사람이 솔직히 말하는 경우는 더욱더 곤란하다. 좀 더 정확히 말하면, 솔직하면서 눈치 없이 말하는 경우랄까.

지인 S는 사람 좋은 얼굴로 종종 상대방에게 '펀치'를 날린다. 엉덩이에 볼륨패드를 넣고 다닐 정도로 비쩍 말라서 고민하는 친구에게 걱정해주는 말투로 "난 너처럼 마른 사람은 처음 봐. 좀 먹어. 불쌍해 보여."라고 한다.

좋아하지 않는 메뉴의 식당에라도 가게 되면, "난 괜찮아. 어서 먹어. 밥만 먹지 뭐."라는 식이다. 처음부터 가자고 하지 말든가 아예 다른 곳에 가자고 하면 좋을 텐데, 결국은 미안하고 찜찜한 기분만 들게 한다.

평소 마음속에서 제껴둔 사람이 솔직하면 "너나 잘하세요."라고 맞장이라도 뜨겠는데, 착한 사람이라고 분류해둔 사람의 솔직함은 파장이 달라서 뭐라 대응하기도 난감하다. 아, 그렇다고 솔직하지 말라는 건 아니다. 다만 '솔직'이라는 말로 폭탄성 발언을 터뜨려놓고, 본인은 아무것도 모르는 평온한 얼굴을 하면 곤란하다는 거다.

그리고 또 하나! "내 맘 알지?"라는 말. 세상에서 제일 어리석은 생각이 말 안 해도 다 알 거라는 착각이다. 말을 해도 서로 오해하기 쉬운데, 말조차 하지 않으면 무슨 수로 안단 말인가? 나중에야 '아 그때 그런 거였군' 하고 알아차린들, 그게 무슨 의미가 있을까? 그동안 헛되이 흘려보낸 시간들은 보상받을 길이 없는데 말이다.

그러니 이심전심이라느니 콩떡같이 말해도 찰떡같이 알아들으라느니 하는, 말도 안 되는 얘기는 하지 말자. 이런 말들은 자신의 소통 미숙이 빚어낸 문제를 남에게 떠넘기는 것이다. 한 이불 덮고 자는 남편 마음도, 열 달 배 아파 낳은 아이 마음도 다 알지 못하는 게 사람이다. 표현하지 않으면 남의 마음을 알 길이 없다. 그러니 그때 그때 표현하자. 기왕이면 타이밍도 맞춰서.

오랜만에 머리 스타일을 바꾸었다. 그런데 아무도 몰라주면 참 서운하다. 그러다 한참 지나 "머리 스타일 바뀌었네."라며 뒤늦게 아는 척을 해오면 그리 반갑지만은 않다.

"한참 됐거든."

묵혀서 좋은 건 따로 있다. 와인이나 치즈는 시간이 지나면 숙성되어 한층 깊은 맛을 내지만, 소통은 뒤로 미루면 '오해'라는 곰팡이만 만들어낸다.

'이미지 컨설턴트'라는 직업 덕분에 어떻게 하면 좋은 인상을 줄지, 어떤 방법으로 어필해야 영향력을 행사할 수 있을지 등, 나를 세련되게 포장하는 스킬만큼은 누구보다 잘 알고 있는 편이다.

하지만 감히 단언컨대 '진심'보다 더 효과적이고 핵심적인 전략은 없다. 진심이 빠진 전략은 잘 해야 안타다. 그나마 멀리 가지도 못하는 '단타' 정도? 좀 더 시간이 걸리더라도 롱런하겠다는 마음가짐이라면, 어떤 자리에서 무슨 일을 하든 '진심'이 바탕이 되어야 할 것이다. 일도, 사람도.

PART 2

우리는 통한다,
고로 존재한다

나 는 너 와 통 하 고 싶 다

그 여자 그 남자의 동상이몽

아버지도 아니고 오빠도 아닌

아버지와 오빠 사이의 촌수쯤 되는 남자.

내게 잠 못 이루는 연애가 생기면

제일 먼저 의논하고 물어보고 싶다가도

아차, 다 되어도 이것만은 안 되지 하고

돌아누워 버리는

세상에서 제일 가깝고 제일 먼 남자.

이 무슨 원수인가 싶을 때도 있지만

지구를 다 돌아다녀도

내가 낳은 새끼들을 제일로 사랑하는 남자는

이 남자일 것 같아

다시금 오늘도 저녁을 짓는다.

그러고 보니 밥을 나와 함께

가장 많이 먹은 남자.

나에게 전쟁을 가장 많이 가르쳐준 남자.

- 문정희 시인의 '남편'-

남편사용설명서

본의 아니게 스마트폰이 생겼다. 마침 쓰던 휴대전화 약정이 끝났는데, 내가 출연하는 방송의 PD가 선물해주었다. 전화기를 볼 때마다 '좀 더 열심히 해야지' 하고 전의를 다지게 된다. '설마 이걸 노린 걸까? 똑똑한 사람 같으니라고….'

새로운 전자제품을 구입하면, 사용설명서를 처음부터 끝까지 빠짐없이 읽는 이들이 있다. 이런 사람들은 살면서도 좀처럼 실수를 하지 않는다. 특유의 성실함과 꼼꼼함 덕분일 것이다.

나 같은 경우엔 뭐가 됐든 사용설명서를 끝까지 읽어본 적이 없다. 자고로 물건은 써보고 망가뜨려가면서 배워야 한다는 게 지론이다.

그런데 '스마트폰'이라는 물건은 도무지 그럴 수가 없었다. 처음에는 전화도 제대로 받지 못했으니까. 황급히 사용설명서를 찾았건만, 어떻게 된 게 설명서가 스마트폰보다 크고 묵직했다. 게다가 모르는 단어만 팍팍 튀어나왔다. '와이파이는 뭐고 어플은 또 뭐람.' 일단 용어부터 제대로 익혀야 될 것 같았다. 그다음 구글 계정도 만들고 카카오톡도 깔고.

아무튼 다행스럽게도 스마트폰에는 자신을 어떻게 다루면 되는지 친절하게(?) 알려주는 '스마트한' 설명서가 있다. 우리 남편도 설명서가 있었으면 좋았을 텐데.

남편을 처음 만나기 전날, 학이 나오는 꿈을 꾸었다. 들판을 걷고 있는데 학 무리가 우아하게 거니는 꿈이었다. 예지몽이었을까. 다음 날 강의를 하러 갔다 만난 남편은, 학을 닮은 긴 팔다리에 우아한 분위기의 남자였다. 키도 크고 옷도 센스 있게 입는 편이었다. 보통 남자들이 하지 않는 서스펜더를 하거나, 비가 오면 어떤 우산을 들어야 가장 댄디해 보이는지 잘 아는 남자였다. 브라보! 그땐 그랬다.

얼마 전 10년 탄 자동차를 팔고 새 차를 샀다. 차도 10년이 넘어가면 어디가 아픈지 본격적으로 힘든 티를 내기 시작한다. 견적을 뽑아보니 130만 원이 나왔다. 수리비가 만만치 않아 이번 참에 새 차를 뽑을까도 싶었지만, 고민 끝에 2년만 더 타고 바꾸기로 마음먹었다. 그런데 그 맘도 몰라주고 1년도 안 지나서 또 고장이 났다. 더 민망한 건 여기저기 긁힌 자국에서 녹물이 흐르면서 차 몰골이 궁상스럽게 변하기 시작했다는 것. 자동차에 별다른 감흥이 없던 내가 도무지 안 되겠다 싶을 정도로 아주 급격하게 변해갔다. 그래서 결국 새 차로 바꾸었다. 할부에 대한 부담감도 만만치 않았지만, 새 차가 주는 감동은 꽤나 쏠쏠했다. '진작 바꾸는 건데….'

그건 그렇고 10년 탄 중고차 값은 서글플 정도로 쌌다. 고작 120만 원. 그러니까 우린 120만 원짜리 차를 130만 원 주고 고친 거였다.

자동차뿐만이 아니었다. 학처럼 우아하던 내 남편도 어느새 '중고'가 되었다. 슬슬 고장이 나기 시작한 것이다. 유독 긴 팔다리가 자랑거리였던 남편은 이제 무릎이 시원찮으니 도가니탕을 먹으러 가자고 한다.

나 : "대체 그거랑 그거랑 무슨 상관인데?"
남편 : "그냥 무릎에 좋을 것 같아."
나 : "…."

나로 말할 것 같으면, 남편과 전혀 다른 형태의 다리를 가졌다. 허벅지에서 발목까지 대략 첨성대 모양을 하고 있다. 쉽게 말해 굴곡이 없다는 얘기다. 뼈는 더 축복받았다. 그게 장점이 될 줄은 꿈에도 몰랐다. 예전에는 남편의 가늘고 긴 다리가 마냥 부러워서 어차피 치마도 안 입을 거, 바꾸면 좋겠다고 말했던 적도 있다. 지금은? 절대 안 바꾼다.

고장만 난 게 아니다. 더불어 소음도 심해졌다. 잔소리가 많아진 것이다. 물론 내가 남편보다 꼼꼼하지도 못하고 깔끔하지도 못하긴 하다. 그렇긴 해도 나름 요령을 터득해서 잘 살고 있건만, 도무지 잔소리가 끊이질 않는다.

"자동차 키, 핸드폰, 지갑, 다 챙겼어?" 이 정도야 어느 집이 됐든 더 꼼꼼한 사람이 덜 꼼꼼한 사람에게 늘어놓는 애정 어린 잔소리일 것이다. 가장 티격태격하는 문제는 바로 회식날 귀가시간이다.

남편 : "오늘은 몇 시까지 올 거야?"

나 : "12시쯤?"

남편 : "꼭 그때까지 와야 해. 운전하지 말고, 전화 꼭 하고, 술 많이 마시지 말고. 알았지? 전화하면 꼭 받고!"

나 : "알겠다고요!!!"

나는 회식을 자주 하는 편도 아니고, 술을 많이 마시지도 않고, 필름이 끊기도록 마셔본 적도 없다. 나름 술 매너가 깔끔하다는 평을 듣는 편이니까. 단, 술 마실 때 전화를 잘 안 받는다. 전화를 받으면 빨리 오라고 할 게 빤하고, 10분을 늦으나 1시간을 늦으나 늦게 가면 어차피 한소리 들을 텐데 몰아서 듣는 게 낫다는 합리적인(?) 생각에서다. 그리고 12시에 들어간다는 건 대략 그때쯤이라는 얘기지, 12시 정각을 말하는 건 아니지 않은가.

그런데 남편의 주장은 전혀 다르다. 12시라고 했으면 12시까지 와야 된다는 거다. 집에서 만나는 것도 약속이니까. 그리고 전화를 안 받는 게 상대를 가장 열받게 하는 거라나? 어디서 뭘 하는지 걱정되니까 전화는 꼭 받아야 한단다. 그러고 보면 자상한 것도 같다. 하는 말마다 옳고.

재밌는 건 남편도 웬만해서는 술자리에서 전화하지 않는다는 거다. 집에 일찍 들어오지도 않는다. 나와 다른 점이 있다면, 언제까지 들어올지 사전에 시간 약속을 하지 않는다는 것. 나 또한 몇 시에 들어올지 좀처럼 묻지 않는다. 사람들과 어울리다 보면 전화에 신경 쓰기 어렵고, 귀가시간에 딱 맞춰 들어오는 게 쉽지 않다는 걸 아니까.

나는 갑자기 억울한 마음에 남편에게 왜 나처럼 편안한 회식을 보장하지 못하는지 따져 물었다. 남편 왈, 자기는 매사에 빈틈이 없고 좀처럼 실수를 하지 않으니 나와 다르다나? 그러더니 자기는 그래도 되고, 나는 안 되는 이유를 조목조목 늘어놓는다. 불공평하다. 자고로 풀뿌리 민주주의는 가정에서부터 시작되어야 하거늘.

그래서 나도 주변 사람들에게 조언을 구해보았다. 남편과의 약속도 지키면서 맘 편하게 회식을 즐길 만한 묘안이 있는지. 그랬더니 친구들과 선배들이 마치 약속이나 한 듯 똑같은 답을 내놓는다. 절대로 구체적인 시간은 입에 올리지 말고, 늦을 것 같으니 먼저 자라고 말하란다. '아, 이렇게 좋은 방법을 왜 이제껏 몰랐지?'

어찌 됐건 우린 이 문제로 11년 넘게 티격태격하고 있다. 남남이었던 두 남녀가 만나 이 정도 살았으면 서로에 대해 전부 알 때도 됐는데, 아직도 왜 이걸 모르지 싶을 만큼 답답한 면들이 있다. 여전히 포기하지 못하는 것들도.

얼마 전 모처럼 쉬는 날, 근처 친구 집에 놀러 갔다. 남편 셔츠를 맞춰야 되는데 귀찮아서 미루고 있다고 했더니, 친구는 뭐하러 그렇게까지 하냐는 반응이다.

"남편 예쁘게 입혀봤자 남 좋은 일 시키는 거야. 좀 허름하게 입혀야 다른 여자들이 안 쳐다보지."

난 지금까지 남편 옷이나 액세서리를 꽤나 신경 써서 챙기는 편이었다. 잘 꾸며놓으면 스타일이 괜찮아서 나름 보람을 느끼는 맛도 있었고, 본인이 후줄근하게 입고 다니면 네가 망신스러울 거라며 내 직업을 교묘하게 이용한 남편의 협박도 작용했다. 그런데 친구 말을 들으니 갑자기 내가 잘하고 있는 건지 아리송해졌다. 그 고민도 잠시, 난 여전히 남편 옷차림에 신경을 쓴다. 예전과 달리 살짝 찜찜한 기분이 들긴 하지만.

좀 더 솔직히 말하면 10여 년 전에는 그렇게 시크하던 남편이 이제 목에 살이 붙어서 셔츠가 작다고 투덜대고, 점점 줄어드는 머리숱 때문에 속상해하는 모습을 바라보자니 안쓰러운 마음이 앞선다. 숱 많은 내 머리를 말리며 "부럽지, 부럽지? 완전 부럽지? 엘라스틴했어요~!"라고 약을 올리면서도 고마움과 안쓰러운 감정이 교차하는 건, 가족이기 때문일 것이다. '혹시 바람이라도 나면 어쩌지'라는 생각보다는, 중고가 되어가는 속도를 좀 늦춰주고 싶다는 마음이 더 크고.

좋아하는 선배 중에 올해 마흔여섯이 된 골드미스가 있다. 선배는 진지하게 결혼을 염두에 두고 교제하는 상대 남성에게 이런 말을 했다고 한다.

"혹시 결혼해서 실수하더라도 자기 맘 편하자고 나한테 고백하지는 마요. 그건 나에 대한 최소한의 예의도 없는 거니까…."

왜 그런 말을 했느냐고 타박하자 선배는 그냥이라며 웃는다. 선배는 사람에 대한 기대를 거두는 대신, 어쩌면 생길지도 모를 불미스러운 일에 미리 대비를 해둔 것이다. 40년 넘도록 다양한 사람들과 부딪히면서 찾아낸 그녀만의 '협상안'이었을까? 조금 씁쓸하긴 하지만 이해는 된다.

모든 남자와 여자는 결혼하면서 둘만의 서약을 맺는다. 검은 머리 파뿌리 될 때까지, 기쁠 때도 슬플 때도 아플 때도 항상 함께하겠다고. 당신만을 사랑하겠다고. 그런데 그 순간 그 남자와 그 여자는 정말 같은 생각을 했을까? 똑같은 내용으로 받아들였을까?

난 10년 넘게 살았어도 아직도 남편의 모든 것을 알지는 못한다. 나 또한 남편에게 아주 약간의 비밀은 갖고 있다. 그리고 황당하지만 같은 추억을 다르게 해석하고 기억하는 부분도 꽤 된다. 그러니 우리가 결혼하면서 같은 약속을 했는지는 알 수 없다. 다만 내가 해석한 대로 열심히 지키려 할 뿐. 벌써 10년 넘게 사용설명서도 없이 써보고, 만져보고, 때로는 고장도 내면서 어떻게 다루어야 되는지를 배워가고 있다. 아마 남편도 마찬가지일 것이다. 이젠 대부분의 일들이 화해와 상생의 길로 접어들었다고 생각된다. 한 가지 바람이 있다면 귀가시간에 대한 융통성 정도?

"어떻게 안 될까?"

불청객 정전기는 이제 그만

정전기는 불청객이다. 처음 만난 사람과 반갑다고 악수라도 할라 치면 '찌릿찌릿' 불시에 찾아오는 불편한 손님. 머리를 빗을 때 일어나는 정전기는 머리카락을 붕붕 하늘로 솟구치는 '사자갈기'처럼 바꾸어놓는다. 스웨터를 벗을 때면 속옷과 마찰을 일으키며 '찌이익~' 하고 기분 나쁜 소리를 낸다.

주로 겨울철에 나타나는 정전기는 두 물체가 마찰을 빚으면 생기는 것이다. 요즘이야 정전기를 방지하는 섬유유연제 덕분에 상당히 줄어들었다 해도, 옛날에는 정말 자주 느꼈던 것 같다. 어린 마음에 정전기에 감전되면 어쩌지, 하고 무서워했던 기억이 아직도 생생한 걸 보면 말이다.

겨울철에 정전기가 자주 일어나는 이유는 평소보다 건조하기 때문이다. 보통 대기 중 습도가 30% 아래로 떨어지면 일어난다고.

건조하면 찾아오는 불청객은 비단 정전기만이 아니다. 항상 얼굴을 맞대고 사는 가족이라 해도 서로 알뜰살뜰 훈훈하게 챙겨주지 않으면, 건조한 분위기 속에서 정전기처럼 왠지 모를 긴장감이 생길 수밖에 없다.

2011년 고려대학교 사회학 연구소가 '소통'을 주제로 발표한 논문에 의하면, 우리나라 사람들이 가족, 직장동료, 이웃 중에서 소통에 가장 어려움을 느끼는 대상이 '가족'이라고 한다. 무려 53.5%라는 결과가 나왔을 정도니, 이쯤 되면 자주 볼수록 문제가 많이 일어난다고 해야 할까?

이는 '옷'에 빗대어 생각해보면 이해하기 쉽다. 옷을 입다 보면 양팔이 자주 쓸리는 부분에 보풀이 가장 많이 일어난다. 팔을 움직일 때마다 옷과 마찰을 일으키기 때문이다. 가족도 마찬가지다. 자주 접하다 보니 마찰을 빚을 일도 많아진다.

하나 덧붙이자면, 가족 간의 문제는 유독 깊은 상처를 남긴다. 그들은 진짜 속내를 보여준 상대이므로 나를 더 아프게 한다. 이웃이나 직장동료는 상대적으로 마음을 덜 열었기 때문에 나를 알아주지 않아도 속상할 일이 별로 없다. 그에 비하면 가족은 사랑과 기대를 쏟은, 오랜 시간 함께 부대낀 존재 아닌가. 그런데 마음을 알아주지도 않고 기대보다 보잘것없는 관심을 보이는 데 그치면, 몇 배로 상처받는 건 당연하다. '차라리 안 보고 살아도 되는 사이라면 좋았을 것을…'이라 생각할 만큼.

쇼윈도 부부

무늬만 부부인, 일명 쇼윈도 부부들이 늘어나고 있다. '디스플레이 부부'라고도 하는데, 겉으로는 잉꼬부부처럼 더없이 행복해 보이지만 실상을 들여다보면 남보다 못한 부부다. 내가 아는 사람들 중에도 그러한 부부가 있다.

남편은 능력 있는 CEO다. 그는 30대 중반의 나이지만 젊은 나이에 창업해 벌써 50여 명의 직원을 거느릴 만큼 성공적인 인생을 꾸려가고 있다. 그의 아내는 두 아이를 키우는 전업주부다.

이들 부부는 대한민국 1% 안에 드는, 부러운 스펙의 소유자다. 둘 다 명문대학을 졸업했는데, 남편은 사업하는 집안의 차남이며 아내는 교육자 집안의 장녀다. 집안 어른들의 소개로 만났지만 1년 정도 연애 끝에 결혼했기에, 단순한 '중매결혼' 이상은 된다. 겉으로는 아무런 문제가 없어 보이는 결혼 10년차 이들 부부의 가장 큰 갈등은 아주 사소한 생활 습관의 차이에서 시작되었다. 이제는 물 마시는 뒤통수만 봐도 때려주고 싶을 정도라니 마음만 아플 뿐.

남편 이야기

남편은 야구를 광적으로 좋아한다. 밖에서 받는 스트레스를 야구를 보면서 맥주 한잔 하는 걸로 풀 만큼, 야구를 사랑한다. 아무리 완벽한 사람도 스트레스가 없을 수는 없다. 비교적 조용한 성격의 남편은 사업상 맺는 인간관계가 여전히 어렵기만 하다. 아무리 잘나가는 사장이라 해도, 현실적으로 중소기업 사장은 거래처와의 관계에서 종종 '을'이 될 수밖에 없다. 그뿐인가. 아직 젊은 나이의 그에게 직원들을 다루는 일은 만만치 않다.

집에서 편히 쉴 수 있느냐 하면, 그렇지도 않다. 그는 안팎으로 눈치를 보기 바쁘다며 하소연을 늘어놓았다. 고생하는 게 다 누구 때문인데, 아내는 그러한 남편의 기를 살려주지 않는다는 것이다. 아니, 살려줄 생각조차 하지 않는다고 한다. 그는 아내가 툭하면 친정 남자들과 자신을 비교한다며 울분을 토했다. 미국 명문 대학의 교수인 오빠나 국내 유명 대학 교수인 친정아버지에 비해, 무식하고 품위가 없다는 이유로 자기를 무시한다는 것이다.

아내 이야기

아내는 꼼꼼하고 완벽주의에 가까운 성격인 데다, 자녀교육에도 관심이 많다. 하루 종일 두 아이의 학습 매니저 역할에 집안일까지 해내려면 이만저만 피곤한 게 아니다. 게다가 초등학교 5학년인 아들은 엄마 혼자 키우기엔 벅차다. 벌써 사춘기가 시작되었는지 숨기는 것도 많아지고 불만도 날로 늘어만 간다. 딸아이야 자신과 비슷한 성장과정을 겪을 테니 어떻게 키워야 할지 알겠는데, 아들은 도통 모르겠다. 그런데 남편은 집에 들어와도 잘 씻지도 않고, 이것저것 어질러놓은 채 야구중계에만 빠져 있다. 아버지라는 사람이 아이들에게 모범이 될 만한 행동은 눈곱만큼도 안 하면서 애들 공부에 방해가 되니 TV를 없애자고 한 게 벌써 몇 년째인데 들은 척도 안 한다. 하는 짓이 미우니 얼굴도 밉다. 가뜩이나 작은 키에 배까지 나오니 아주 볼 만하다. 여기저기 굴러다니는 맥주캔을 볼 때마다 함께 내다버리면 딱 좋겠다는 생각까지 든다. 이게 다 알량한 생활비를 벌어오는 생색이라 생각하니 더욱더 얄미워진다. 나도 애들만 아니었으면 지금쯤 멋진 커리어우먼으로 살 텐데, 저런 인간 만나서 요 모양 요 꼴로 사나 싶어 억울하기만 하다.

이들 부부도 아이들이 태어나기 전에는 오붓하게 술잔을 기울이며 이런저런 이야기를 나누던 시절이 있었다고 한다. 그런데 아이들이 생기면서 조금씩 멀어진 게 지금은 건널 수 없는 강을 건너버린 느낌이라고. 속으로는 '저 사람도 힘들겠지….' 싶다가도, 하는 짓 보면 정나미가 뚝 떨어진단다. 도대체 언제까지 이렇게 살아야 하나, 애들이 클 때까지는 어떻게든 버텨야 할 텐데 정말 큰일이라며 양쪽 다 한숨을 내쉰다. 그나마 다행스러운 것은 두 부부가 애들을 위해서라도 절대 이혼은 하지 않겠다는 거다.

다 그렇고 그렇게 사는 거라고? 과연 그럴까?

루저와 엄친딸 사이

일명 '엄친딸'로 불리는 후배 M은 메이저 광고회사에 다니는 인재다. 국내 유명 대학을 졸업한 데다 외모 또한 빠지지 않는, 그야말로 엄친딸이다. 본인 말대로 한 가지 아쉬운 게 있다면 나이가 서른을 넘겼다는 것? 옆에서 보기만 해도 뿌듯한 후배인데, 자기야말로 '루저'라며 신세 한탄을 늘어놓는다. 처음에는 농담 삼아 하는 얘기겠지 싶었는데, 웬걸, 의외로 심각했다.

이야기를 들어보니 밖에서는 당당한 커리어우먼으로 인정받고 있지만, 집에만 들어가면 루저 취급하는 부모님 때문에 고민이란다. 모처럼 휴일에 집에서 쉬고 있으면 넌 만날 사람도 없냐고 구박하고, 그 말에 스트레스 받아서 친구들 만나러 나가려면 이런 날 여자들끼리 뭉쳐서 뭐하냐고, 대체 생각이 있는 거냐고 닦달하신다는 거다. 대학원에 가서 공부를 좀 더 하겠다고 했더니, 나이도 많은데 가방끈만 길면 부담스러워서 대체 누가 데려가겠느냐며 난리를 치셨다고. 후배는 그럴 때마다 자기가 진짜 루저가 아닌지 의심스럽다고 했다.

"넌 누가 봐도 엄친딸 맞거든."이라고 아무리 말해도, 한때는 자기도 그런 줄 알았는데 나이가 들면서 엄마가 숨기고 싶은 딸이 된 것 같다고 헛웃음만 짓는 그녀. 밖에서 아무리 인정을 받아도, 가족이 자꾸 소금을 뿌려대니 마음속 상처는 깊어만 간다.

습도 유지 노하우

이럴 때 촉촉한 습기가 필요하다. 부부 사이에, 또 부모와 자녀 사이에 '찌릿찌릿' 수도 없이 찾아드는 정전기를 없애줄 습기. '다들 그렇게 사는 거지, 뭐'라곤 해도, 아직은 즐겁게 사는 가족들이 더 많지 않은가.

지인 B의 가족은 '1평 가족'이라는 별명으로 불린다. 집이 좁아서가 아니라, 가족 3명이 똘똘 뭉쳐다녀서 그렇다. 뿔뿔이 흩어져 있던 가족들이 전부 귀가하면 집안에 활기가 돈다. 제각기 하루종일 있었던 소소한 에피소드며 고민들을 털어놓기 바쁘다. 어딜 가도 셋이 손잡고 다니고, 초등학교 5학년인 아들녀석도 틈만 나면 안방에 들어와 침대를 파고든다. 보고 있으면 참 가관이다 싶다가도 이내 부러워지는, 초절정 닭살가족이다.

그렇다고 이들이 아무런 갈등 없이 평화로운 나날만 보내고 있을 거라고 오해하지는 마시길. 이들 가족에게도 비밀이나 갈등은 많다. 친정이고 시댁이고 건드리면 터질 지뢰밭투성인 데다, 사춘기로 접어든 아들 때문에 불시에 이상기류가 흐르기도 한다. 게다가 싸움이라면 대한민국에서 둘째 가라면 서러울 만큼, '싸울 거리'가 많은 평범한 가정이다. 그러나 이들은 가족들 사이에 흐르는 정전기를 차단하고 적절한 습도를 유지하는 노하우를 알고 있다.

비결 하나. 고치려 들지 않는다. 이들은 부족한 점이나 잘 고쳐지지 않는 습관을 그대로 인정하는 순간부터 평화가 찾아왔다고 했다. 그러고 나니 '나 같은 사람하고 살아주는 것도 고맙구나, 저 사람도 그런 생각이 들도록 해줘야지' 싶더란다. 서로 그렇게 마음을 먹으니 싸울 일도 줄어들었다. 아이의 부족한 점도 너는 날 닮아서 그런 거라고 다독인 후에, 자신의 경험에서 찾아낸 해결책을 알려준다. 예를 들면 이런 식이다.

"엄마도 뭐든 잘 잊어버리는 거 알지? 건망증이 심한 건 엄마를 닮아서 그런가 보네. 그래서 엄마는 초등학교 때부터 메모장을 가지고 다녔어. 지금은 다이어리를 쓰고. 너도 한번 써보면 어떨까?"

보통 자녀가 자신의 나쁜 점을 닮았다 싶으면, 내심 미안하면서도 화부터 나기 마련이다. 그런데 이들은 일단 꾹 참은 다음, 질책하기보다 어떻게 고쳐야 할지 방법을 일러준다. 그래도 잘 고쳐지지 않는 것은 서로 인정해주고.

비결 둘. 화내는 주기가 다르다. 한꺼번에 화내지 않는다. 한 사람이 활활 타오르는 상황이면, 나머지는 조용히 꾹 참고 듣는다. 입바른 소리를 해서 화를 돋우거나 일을 크게 벌이지 않는다.

비결 셋. 다툴 때도 끝까지 감정을 다스린다. 대개 싸울 때는 둘 중 하나다. 끝까지 쫓아다니면서 대화로 풀어야 한다는 쪽과 입을 아예 다물어버리는 쪽. 아내는 이야기로 풀어야 한다는 타입이고 남편은 입을 다무는 타입이다. 이럴 때 맞장 뜨면 곤란해진다는 건 서로가 이미 잘 아는 사실. 한 사람은 끊임없이 숨고 한 사람은 지구 끝까지 쫓아가는 상황이 벌어지기 십상이다. 이들 부부는 아내가 먼저 손을 들면서 평화가 찾아왔다.

이제 남편은 화나면 안방에 들어가고 아내는 TV 앞을 사수한다. 서로의 공간을 침범하지 않고 자기만의 시간을 보내는 것이다. 어차피 감정이 격해졌을 때는 자신의 주장만 계속 반복할 뿐, 결말이 나지 않는다는 걸 잘 알고 있으니까.

비결 넷. 공은 상대에게 돌린다. 아이가 칭찬받을 일을 했을 때는, 엄마나 아빠를 닮아서 잘하는 거라고 서로 치켜세운다. 그러면 아이는 자연스럽게 부모를 존경하는 마음을 갖게 된다. 부모님의 뛰어난 유전자를 물려받았다는 생각에, 자신에 대한 자부심 또한 커진다. 단, 아이 스스로 성취감을 느낄 만한 일을 했을 때는 아이에게도 멋지다는 칭찬을 아끼지 않는다.

비결 다섯. 기다릴 줄 안다. 한때 가족의 자랑이던 엄친딸도 살다 보면 발을 헛딛을 때도, 뒤처질 때도 있다. 승승장구하던 남편도 아내도 마찬가지다. 그럴 때 무턱대고 다그치면 안 된다. 아픈 곳에 소금 팍팍 뿌려가며 기를 죽이는 입바른 말 따위는 피해야 한다. 기본적으로 가족을 아끼고 신뢰하면 모는 건 좋아지게 되어 있다. 언젠가는 멋지게 해낼 거라는 믿음만 잃지 않으면 된다.

비결 여섯. 균형 감각이 있다. 서로 따돌리지(?) 않는다. 가족들끼리 따돌림이라니 무슨 말인가 싶겠지만, 가족 간에도 그런 일은 얼마든지 일어날 수 있다. 정도만 다를 뿐. 가령 아이가 엄마를 더 따르는 것 같으면, 엄마가 아빠를 더 배려해야 한다. 아이가 기분이 처져 있으면, 엄마아빠가 애교를 부리거나 함께 놀아줘야 한다. 가족은 '2인3각'과 같다. 서로 발과 발이 묶여 있어서 1명이 뒤처지면 절대 앞으로 나아갈 수 없는.

주변을 둘러보면 대부분 화목한 집은 B씨네 가족과 비슷하다. 썰렁한 집은 그야말로 천태만상. 서로 탓하고 원망하고 재촉하고 비교하고 따돌리고 무시하기 바쁘다. 한번 잘못한 일은 두고두고 물어뜯는다. 가족으로부터 사랑과 인정을 받지 못하고 밖에서만 인정받는 사람은, 안과 밖의 온도차로 매우 불안정한 삶을 살 수밖에 없다. 마땅히 위로받아야 할 곳에서 위로받지 못하는 사람들은 엉뚱한 곳에서 위로를 구한다. 그러다 보면 또 다른 마찰을 낳고, 쌓이는 오해와 갈등 속에서 서로를 믿지 못하고 벼랑 끝으로 내모는, 남보다 못한 사이가 되는 것이다.

이런 사람들에게 가족은 '정전기' 같은 존재가 될 수 있다. '쭈뼛쭈뼛' 신경이 곤두서게 만드는 정전기. 갑자기 찾아오는 정전기는 사실 아무런 쓸모가 없다. 전기는 가족이 함께 먹을 밥을 짓고, 물을 끓이고, 집을 환히 밝히는 데 쓰이지만, 정전기는 어떠한 기능도 하지 못한 채 불쾌함과 짜증만 유발한다.

먼저 가족들 사이에 쓸데없이 흐르는 정전기부터 제거해보자. 가족 간에 흐르는 정전기는 대화와 배려와 믿음으로 없앨 수 있다. 처음부터 찌릿찌릿 몹쓸 정전기가 흘렀던 것은 아니었을 것이다. 그랬다면 결혼은 생각조차 하지 못했을 테니까.

처음 만나 사랑을 할 때는 눈빛만 봐도 무엇을 말하고 싶은지 알았고, 아기가 태어났을 때는 울음소리만 들어도 배가 고픈지, 기저귀가 젖었는지 알 수 있었다. 아이가 아플 때는 어땠던가. 공부는 못해도 좋으니, 잘나지 않아도 좋으니 그저 건강하게 자라만 달라고 간절히 바랐을 것이다.

어린 시절, 누구나 한 번쯤 자고 일어나면 엄마아빠가 사라져버린 상상을 해본 적이 있을 것이다. 그토록 애틋했던 마음이 차츰 사라져 어느덧 가족들 사이에 '강'이 생겨버렸다. 그것도 아주 넓고 깊은 강이.

친정아버지가 돌아가신 지 20년쯤 지났다. 아버지는 내게 늘 그리움의 대상이지만, 엄마는 아직도 서운하신 게 많은가 보다. 엄마는 아버지 신소에 가겠다는 딸을 보며 뚱명스럽게 한마디 던진다.

"살아 있는 엄마한테나 잘해. 뭣하러 가."

"… ."

아버지가 임종하시던 순간 엄마는 아버지의 머리맡에 서 계셨지만, 마지막 모습을 보지 않으려고 애써 창밖을 내다보고 계셨다. 아버지는 고개를 가눌 힘조차 없으면서, 마지막으로 한 번이라도 더 엄마를 보려 애쓰셨다. 회한이 가득 담긴 눈물과 함께. 그 광경이 내가 기억하는 아버지의 마지막 모습이다. 아버지가 돌아가신 지 반년 후, 어머니는 충격을 이기지 못해서였는지 중풍으로 앓아눕는 신세가 되었다. 참 알 수 없는 게 인생이다. 그렇게 사이가 나빴던 분들이 무슨 정이 남았다고.

밖에서는 세상에 둘도 없는 호인이라는 소리를 듣던 아버지셨지만, 자식들에게는 무뚝뚝했고 아내에게는 차디찬 돌부처였다. 엄마아빠가 함께 있던 우리집 풍경은 아이러니하게도 늘 한겨울에 가까웠다. 이젠 나도 어른이 되었기에 부부가 꾸려가는 가정의 온도가, 그리고 습도가 아이에게 어떤 세상을 만들어주는지 잘 알고 있다.

건조한 겨울철이면 귀찮게 들러붙는 스웨터의 정전기도 향기 폴폴 나는 섬유유연제 반 컵이면 충분히 해결할 수 있다. 마찬가지로 가족 중 누군가 먼저 나서서 손만 내밀어도 분위기는 달라질 것이다. 그게 껄끄러워 서로를 외면한 채 살아간다면, 세상을 떠나는 순간 회한의 눈물만 흘려야 하지 않을까.

사소한 일에 목숨 거는 데는
다 이유가 있다

사소한 문제라고 무시하거나 방치하면, 그게 인생의 '태클'로 쓰일 때가 반드시 온다. 한때 무슨 일이든 빠르게 결정하고 신속하게 추진하는 것이 나의 강점이라 생각했다. 그래서 다른 사람들과 함께 출발하더라도 앞서갈 수 있다고 자신만만해했다.

반면 빠른 판단과 신속함 뒤에 따르는 엉성하고 덜렁대는 모습은 아무래도 괜찮다고, 스스로를 위로했다. 나를 포함한 많은 이들이 자신의 부족한 부분을 사소한 것으로 치부하려는 경향이 있다. 비즈니스 마인드가 부족한 사람은 이를 장사꾼 마인드라 폄하한다. 아무리 훑어보고 뒤져봐도 섹시함이 제로인 사람은 섹시미 넘치는 사람들을 저렴해 보인다고 깎아내린다. 그래야 마음이 편하니까.

그러나 사소하게 여겼던 것들이 시간이 지나면 '진짜 중요한 것'이었음을 알게 되는 순간이 온다. 기본적인 것들을 무시해버리는 대범함(?) 탓에 한바탕 사고를 치고 나서야 얻는 깨달음이다. '정말 세상에는 공짜가 없구나' 하는 각성과 함께, 우쭐했던 마음이 갑자기 겸손해진다. 무의식 중에 자신의 부족한 부분을 두둔하거나 사소한 것이라 무시했다가는 반드시 태클이 걸린다. 실수가 쌓이면 그것도 실력이다.

타고난 길치라 수십 번을 간 곳도 내비게이션이 없으면 못 가는 나는, 인류 최고의 발명품은 바로 내비게이션이라 생각한다. 하지만 이처럼 무한한 신뢰와 전폭적인 지지를 보내는데도, 지방에 갈 때면 간혹 황당한 오류가 발생한다.

언젠가는 내비게이션 때문에 정말 상상도 못할 실수를 저지른 적이 있다. '설악한화리조트'로 목적지를 찍었는데, 정작 도착한 곳은 평택이었다. 중간 중간마다 통과하는 지점을 확인하지 않고, 내비게이션만 믿고 직진하라면 직진하고 우측 15도 방향으로 우회전하라면 우회전해서 도착해보니, 평택이었던 것이다.

'오 마이 갓!'

강의로 전국을 8년이나 누빈 사람이 강원도와 경기도도 구별 못하냐는 말을 들을까 봐, 딱히 하소연도 하지 못했다.

그러던 어느 날, 내 사랑 '내비'와 나의 꼼꼼치 못한 성격이 합작해 대형 사고를 쳤다. 지식경제부 산하에 있는 모 기관에서 들어온, 제법 큰 규모의 강의를 맡게 되었다. 그런데 하필 첫 번째 강의를 시작한 날, 사건이 터졌다.

 장소는 원주 오크밸리. 서울에서 차로 1시간 40분 정도 소요되는 거리다. 여유 시간까지 계산해 1시간 정도 넉넉하게 출발하는 부지런을 떨었다. 평소에도 약속시간에 철저한 편이지만 강의를 하면서 강박증 비슷한 게 생겨버린 나는, 보통 30~40분 정도 일찍 출발하는 편이다. 게다가 그날은 다른 날보다 신경 써서 1시간이나 일찍 출발했다.

 그런데도 늦었다! 고속도로 진입로와 서울 쪽 진입로가 연달아 있어서, 내비게이션 안내가 조금만 늦어도 실수하기 딱 좋은 곳이었다. 무심코 첫 번째 진입로로 들어섰는데, 그 순간 '아차' 싶은 기분이 들었다.

 '어랏, 여기 내가 자주 헷갈리는 곳인데…. 두 번째 출구로 나갔어야 되는데 큰일났네.'

 그전에도 두세 번씩 같은 곳에서 길을 헷갈리는 실수를 해놓고서는 기억해두지 않은 '강심장'이 원망스러울 뿐이었다. 이미 평정심을 잃은 나는 서두르다 몇 번이나 길을 잘못 들었고, 1시간 일찍 출발했건만 오히려 1시간이나 늦어버렸다. 길을 헤매는 동안 피가 바짝바짝 마르는 고통이 뭔지를 몸으로 느낄 수 있었다. 오죽하면 차라리 사고가 나서 도저히 갈 수 없는 상황이면 얼마나 좋을까, 하는 생각마저 들었을까.

 결국 그날의 실수로 나머지 강의를 통째로 날렸다. 그동안 여러 번

내비게이션에게 배신을 당했음에도 무심코 넘겨버린 대가였다. 사소하다는 이유만으로 대형 사고가 터질 때까지 아무런 대비도 하지 않았으니 언젠가는 당할 일이었다. 그나마 다행인 건 된통 당한 대신, 못된 버릇이 고쳐졌다는 것이다. 덕분에 수명은 좀 줄었지만.

지키지 못할 약속

이처럼 평소 사소하다고 여기는 것들, '설마 별일이야 있겠어' 하고 안이하게 대처했던 일들이 결국 관계에서 '복병'으로 등장한다.

약속을 하면 습관적으로 늦는 사람들이 있다. 약속시간이 임박할 때까지 늦장을 부리다 부랴부랴 서둘러 나가는 사람들이다. 그러고는 전화로 금방이라도 도착할 것처럼 말한다.

"정말, 미안! 5분 후 도착. 거의 다 왔어."

물론 진짜 5분 후 도착하는 일은 없다. 늦을 것 같으면 곧 도착할 것처럼 말하지 않아야 되는데, 미안한 마음에 곧 도착한다고 해서 상대를 더 기다리게 만든다. 그러면 약속을 두 번이나 어긴 셈이 된다. 게다가 매번 비슷한 핑계를 댄다.

"아, 진짜 차를 갖고 다니지 말아야지. 너무 막힌다."

창의성 넘치는 변명이라도 하든가, 이쯤 되면 무성의도 수준급이다.

'립 서비스'로 남발하는 약속도 만만치 않다. 사람들이 가장 쉽게 하는 약속 중 하나가 '언제 밥 한번 먹자'다. 여기에 '다음 주에 전화할게'가 붙으면 나처럼 둔하고 소심한 사람은 마냥 기다리기 바쁘다.

언제가 될지도 모르는 기다림처럼 짜증스러운 건 없다. 못 만나겠다고 연락이라도 하면 다행인데, 연락 자체를 하지 않는다. 그냥 '인사치레'인 것이다. 지나가는 말로라도 약속을 남발하는 것은 자기 발밑에 덫을 놓는 일이다. 그냥 한마디 던졌을 뿐이지만 진심으로 받아들이는 사람들도 분명 있기 때문이다.

가까운 사람들과는 바빠서 그럴 수 있다고 치자. 문제는 낯선 사람에게 지나칠 정도로 인색한, 아니 기본조차 안 된 사람들이 더 많다는 것이다. 다시 볼 일이 없을 거라 생각해서일까?

우리 사무실이 비교적 혼잡스러운 동네에 있는 터라, 사무실까지 걸어가는 동안 적어도 두세 명과 어깨를 부딪힌다. 그런데 도대체 어찌된 영문인지 곧장 사과하는 사람을 본 적이 없다. 대부분은 뒤도 안 돌아보고 아무 일도 없었던 것처럼 쌩하니 사라져버린다. 매번 나만 뒤돌아서 사과하는 게 영 손해 보는 것 같아서 찜찜하다.

'아, 나 혼자 그랬나. 왜 나만 사과해야 되는데?'

누군가 보고 있다

회사를 경영하는 친구 J의 이야기다. J기 입찰을 띠내기 위해 고객사를 방문했을 때의 일이었다. 2시에 만나기로 했는데, 고객사 로비 엘리베이터 앞에 도착한 시간이 2시 3분 전이었다. 다급해진 그는 막 닫히려는 엘리베이터를 큰 소리로 불러 세웠다.

"잠깐만요, 같이 갑시다."

다행히 먼저 타고 있던 사람이 열어줘서 겨우 타고 한숨을 내쉬었는데, 누군가 다급한 소리로 엘리베이터를 불러 세웠다.

"잠시만요!"

J는 순간 갈등했지만 '열림' 버튼을 누르면 제시간에 도착을 못할 것 같아 못 들은 척 버텼다. 순간적인 현명한(?) 판단 덕분에 가까스로 제시간에 도착해 관계자들 앞에서 프레젠테이션을 할 수 있었다. 그런데 그중 낯익은 얼굴이 보였다.

'누구시더라? 어~어! 저 사람, 아까 엘리베이터에서 나에게 문 열어줬던 그 사람 아냐? 그럼 내가 문 앞에서 딴청 부리던 것도 다 봤을 텐데….'

하필 이렇게 만나는 인연도 있다. 그렇게 무심코 넘긴 일들이 때로는 부메랑이 되어 날아든다. 역시 세상일은 누구도 장담할 수 없는 것이다.

그런가 하면 사소하지만 빼놓을 수 없는 것들을 잘 챙기는 사람들도 많다. 그런 사람들을 만나면 하루가 상쾌하다. 후배인 선화는 항상 알뜰하게 사람들을 챙긴다. 나처럼 덜렁거리는 사람은 상상도 못할 만큼 기억력도 좋다. 그래서인지 그녀에게는 항상 따르는 사람들이 많다.

지난번 만났을 때 아들 생일이라 빨리 가야 된다고 했더니, 그걸 기억하고서는 나중에 만났을 때 깨알 같은 질문을 던진다. 아들 생일은 잘 보냈는지, 선물은 무얼 사주었는지, 참 자세히도 물어본다. 정말 놀라운 능력이다. 게다가 같은 이야기를 몇 번씩 반복하는데도, 못들은 척 처음 듣는 척 즐겁게 들어준다. 분명 나랑 같이 들은 이야기가 분명한데, 참 열심히도 듣는다.

가끔은 그런 그녀가 힘들어 보일 때도 있다. 늦은 저녁이건 휴일이건 가리지 않고 민폐를 끼치는 고민녀, 고민남들 때문에 피곤하다며 하소연하기도 하니까. 그래도 그때뿐이다. 늘 세심하게 사람들을 살피고 안부를 묻는다. 요즘 장사는 잘되는지, 건강은 괜찮으신지, 열심히 묻고 또 묻는다. 나도 후배가 사람들을 대하는 모습을 곁눈질해가면서 열심히 배웠다. 그녀의 1/10만 따라가도 좋겠다는 부푼 꿈을 안고.

그래서 이제는 남편이 같은 말을 되풀이하는 것도 곧잘 듣는다, 아니 참는다.

"정말 완전 웃긴다~!"

복습한다 생각하면, 과한 리액션도 생각보다 힘들진 않다.

그런데도 가끔 시험에 들 때가 있다. 분명 남편에게 내가 해준 이야긴데, 출처가 나라는 사실은 까맣게 잊어버리고 내게 신나서 얘기할 때다.

'도대체 관심이 없는 걸까, 머리가 나쁜 걸까?'

골방에 숨은 사람들

세상으로부터 스스로를 가두고 옥살이를 자처하는 사람들이 있다. 일명 '은둔형 외톨이.'

2010년 4월, 일본에서 15년간 골방에 틀어박혀 생활해오던 30대 히키코모리(은둔형 외톨이의 일본식 표현) 남성이 일가족 5명을 살해하는 끔찍한 사건이 발생했다. 한 살짜리 어린 조카부터 부모 형제에게까지 칼을 휘두르고 집에 불을 지른, 참혹한 사건이었다.

일본에는 히키코모리가 70만 명 정도 있는 것으로 추산되는데, 잠재적 히키코모리까지 합치면 155만 명에 이를 만큼 심각한 사회문제로 대두된 지 오래다. 일본정부는 히키코모리를 골방에서 끌어내는 방법을 찾는 데 골머리를 썩이고 있다고 한다.

더 중요한 것은 히키코모리 문제가 일본만의 특수한 현상이 아니라는 사실이다. 2010년 12월, 우리나라에서도 '은둔형 외톨이'에 대한 심각성을 일깨워주는 사건이 일어났다.

미국 뉴욕주립대를 중퇴한 박 씨(23세)가 밤 늦도록 흉기를 마구 휘둘러 길을 지나던 행인을 살해한 사건이었다. 박 씨는 범행 전날 각종 칼과 무기로 격투를 벌이는 컴퓨터 게임에 빠져 있었다고 한다. 그러다 게임으로 과도한 흥분상태가 되어 무조건 제일 먼저 눈에 띄는 사람을 죽이겠다며, 부엌에 있는 식칼을 들고 바깥으로 나왔다. 그리고 마침 잠원동 집으로 귀가 중이던 피해자 김 씨를 칼로 마구 찌르는, '묻지마 살인'을 저지른 것이다.

박 씨는 4~5년 전만 해도 우리 주변에서 흔히 볼 수 있는 평범한 고등학생이었다. 다소 내성적이기는 했지만, 중산층 가정에서 자랐고 성적도 줄곧 중상위권을 유지했다. 그에게 문제가 생긴 것은 유학생활에 실패하면서였다. 미국으로 유학을 떠난 그는 현지 생활에 적응하지 못했고, 결국 학업을 마치지 못한 채 한국으로 돌아와버렸다. 진짜 문제는 그때부터 시작되었다. 그는 담배를 사러 갈 때를 제외하고는, 집 밖에 나가지도 않고 1년 반이 넘도록 철저히 외톨이로 지냈다. 매일 골방에 틀어박혀 대여섯 시간 동안 컴퓨터 게임에만 빠져 있었다는 것이다. 경찰이 사택에 들이닥쳤을 때도 이불만 덩그러니 깔린 횅한 방 안에 웅크리고 앉아 아무런 저항조차 하지 않았다고 한다.

일본은 갑작스런 성장 이후 버블경제가 몰락하면서 그에 적응한 세대와 그렇지 못한 세대로 나뉘었다. 경기 침체에 적응한 사람들은 살아남았지만, 사회생활을 거부하고 방에 틀어박힌 히키코모리들은 심각한 사회문제로 남아 있다.

우리는 어떤가. 경제성장을 위해 숨 가쁘게 달려오느라 소홀했던 우리의 자녀들이 지금 '골방'에 갇혀 있다. 아이러니하게 어른들이 일궈놓은 세계 최강의 IT 인프라가 아이들을 '게임중독자'로 만드는 데 일조했다. 은둔형 외톨이까지는 아니지만, 사회 부적응자들이 점점 늘어나는 것도 문제다. 트위터, 페이스북, 블로그, 각종 온오프라인 동호회 등 과거에 비해 소통의 채널은 엄청나게 늘어났지만, 과거보다 더 크고 다양한 소통장애를 앓고 있다. 풍요 속 빈곤인 셈이다.

우리들의 골방 이야기

누구나 정도의 차이가 있을 뿐, 골방으로 숨어버리고 싶을 때가 있다. 내 앞에서 환하게 웃고 있는 그도, 마주 앉은 나도, 자기만의 골방에 틀어박혀 세상과 나를 차단하고 싶은 순간이 있을 것이다. 그 원인은 실패에 따른 대인기피증일 수도 있고, 왕따로 인한 정신적 혹은 육체적 고통일 수도 있다. 숨어 지내는 시간도 각양각색이다. 어떤 이는 인생의 한 부분을 통째로 들어낼 만큼 수년 넘게 숨어 있기도 하고, 어떤 이는 하루에도 몇 번씩 숨기를 반복한다. 숨는 원인과 시간, 사안의 경중輕重이 다를 뿐, 누구나 그런 문제를 안고 있는 것이다.

Y는 하나뿐인 동생 때문에 마음고생이 심하다. 고등학생 시절부터

친구가 거의 없던 동생은 사회생활을 시작한 지 얼마 지나지 않아 회사를 그만두었다. 도대체 무슨 일이 있었던 건지 몇 번을 물어도 말은 하지 않고 짜증만 냈다. 그렇게 10여 년이 지나는 동안 동생은 점점 말수가 적어졌고, 바깥출입도 일주일에 한 번 정도로 줄어만 갔다. 그 사이 Y는 결혼을 했고 동생은 혼자 살게 되었다. 동생도 어서 결혼했으면 좋겠는데, 도무지 사람을 만나지 않으니 가능할 리 없다. 그러던 것이 그나마 1년 전부터는 전화도 받지 않는다. 걱정스런 마음에 동생 집에 가보지만 문조차 열어주지 않는다.

도대체 사람이 사는지 안 사는지 인기척을 느낄 수도 없어, Y는 복도에 있는 가스 계량기 숫자를 체크하며 삶의 흔적을 찾아 헤맨다. 혹시라도 동생이 나쁜 마음을 먹고 몹쓸 짓을 할까 봐 너무나 불안해서, 두세 달에 한 번은 119를 부르기도 한다. 매번 출동한 대원들 앞에 죄인처럼 서서 동생의 생사를 확인하는 Y에게 그 시간은 1분1초가 공포 그 자체다. 눈앞에 어떤 일들이 펼쳐질지 터질 것 같은 심장으로 서 있는 지옥 같은 시간이다. 그럴 때면 Y도 골방에 틀어박히고 싶은 충동에 휩싸인다.

자신만의 골방에 숨어버린 동생도, 골방을 기웃거리는 언니도 주변에서 흔히 볼 수 있는 모습이다. 다만 서로가 못난 모습을 보이지 않으려 숨기고 있을 뿐. 주위를 가만히 들여다보면, 깊숙한 골방에 드나들거나 골방에 있는 가족과 친구 때문에 아파하는 이들이 제법 많다는 사실을 알게 될 것이다.

'당신은 사랑받기 위해 태어난 사람. 당신의 삶 속에서 그 사랑받고 있지요'라는 가사의 노래가 있다. 주로 생일이나 무언가를 축하할 때 불러주는 노래다. 이 노래가사처럼 우리는 누군가에게 사랑받고 인정받고 싶어 하는 욕구를 갖고 태어난다. 주변 사람들로부터 인정받지 못한다면, 누구나 두려움과 불안을 느낄 수밖에 없다. 이때 많은 사람들이 더 이상 거절당하지 않겠다는, 상처 받지 않겠다는 마음으로 자신을 골방에 가두는 결정을 내린다. 남이 나를 가두기 전에 스스로 옥살이를 자처하는 것이다.

언젠가 '신상녀'라는 이름으로 잘 알려진 여자 연예인의 인터뷰 기사를 읽은 적이 있다. 데뷔 후 대중에게 별다른 존재감을 주지 못했던 그녀는, 예능 프로그램에 출연하면서 갑작스러운 인기를 얻게 되었다. 싸가지 없는 캐릭터는 하루아침에 도도하고 개성 넘치는 캐릭터로 탈바꿈되었고, 노래까지 히트하면서 일약 스타로 떠올랐다. 대중의 환호는 이렇다 할 존재감은커녕 오히려 비호감 캐릭터에 가까웠던 그녀를 시원시원한 호감형으로 바꾸어놓았다.

그녀는 정작 자기는 그대로인데, 사람들의 시선과 반응 때문에 자신을 둘러싼 모든 것이 변한 게 두려웠다고 말했다. 별것도 아닌 일로 손가락질하던 사람들이 한순간에 표정을 바꿔 열광한 것처럼, 어느 날 언제 그랬냐는 듯이 싸늘하게 돌아설 대중이 무섭다는 것이었다.

우울증에 시달리다 미국으로 숨어버렸지만, 다시 노래가 하고 싶어서 용기 내어 돌아왔다는 그녀에게서 '우리'가 보인다. 센 척하던 그녀에게서 사랑받고 싶고, 행복해지고 싶고, 그 사랑이 영원히 지속되길 바라는 우리의 모습이 보인다. 사랑받으면서도 그다음을 걱정하고, 자신만의 골방으로 도망쳤다가 몰래 다시 나오기를 반복하는 우리의 모습이.

앗, 그런 거였어?

　출중한 외모에 빵빵한 재력, 웬만한 여자는 거들떠보지도 않는 재벌 2세. 없는 것이라곤 싸가지뿐인 남자와 돈도 없고 '빽'도 없고 학벌도 시원찮은데 예쁘고 사랑스런 여자가 티격태격 싸우다 정이 든다. 이를 그냥 두고 볼 리 없는 재벌가 마나님. 돈봉투와 물벼락을 동시에 날려보지만, 초연하게 버티는 여주인공. 그런데 이를 어쩌나. 설상가상으로 두 집안이 견원지간이란다. 이쯤 되면 크게 두 가지 결말이 떠오른다.

　해피엔딩이면 온갖 고난을 극복하고 둘은 결혼한다. 새드엔딩이면 둘 중 하나가 죽고, 나머지 한쪽은 평생 상처를 안고 살아간다. 대개는 전자다. 그런데 그토록 바란 '해피엔딩'이건만, 예상된 결말로 끝을 맺으면 '그럼 그렇지'라는 생각이 살짝 고개를 쳐든다.

예상치 못한 결말

줄리엣 비노쉬가 주인공으로 나왔던 〈프라하의 봄〉이라는 영화를 본 적이 있다. 자유에 대한 열망이 좌절된 체코 국민들이 총칼 앞에서 거칠게 항의하는 체코 사태가 배경인데, 사진작가인 줄리엣 비노쉬는 체코의 처참한 현장을 찍어 전세계에 소련의 극악무도함을 알리려 한다. 다행히 국외로 밀반출된 사진은 서방 언론에 실려 커다란 반향을 일으킨다.

그러나 그녀는 이 사건을 계기로 체코를 장악한 소련정부에 붙잡히고, 그곳에서 조국의 고통을 전세계에 알리고자 했던 순진한 바람이 무참히 깨지는 것을 목격한다. 소위 반공분자로 찍힌 시위자들을 색출하는 작업에 자신의 사진이 쓰이는 당혹스런 상황을 겪게 된 것이다. 이 장면에서 '아~' 하는 짧은 탄식이 저절로 흘러나왔다. 이럴 수도 있구나…. 전혀 생각지도 못했던 결과에 머리를 한 대 얻어맞은 기분이었다.

살다 보면 자주는 아니지만 가끔 예상을 배신하는 결말을 겪게 된다. 드라마나 영화야 예상치 못한 결말로 끝나도 상관없시만(오히려 충격적이면 충격적일수록 예상을 뒤엎는 쇼킹함에 찬사를 보내겠지만), 현실이라면 이야기는 달라진다. 내가 한 말이 심하게 왜곡되어 본래의 뜻을 잃고 전혀 다른 방향으로 흘러갈 때는, 당황스러움을 넘어 경악스럽기까지 하다.

이는 말을 던진 후에 이미 그 말에 대한 통제권이 나를 벗어났기 때문에 벌어진 일이다. 말은 살아 있는 유기체와 같아서 일단 내뱉고 나면, 나머지는 전적으로 듣는 사람에 의해 정의된다. 받아들이는 사람이 어떻게 편집하고 해석하는지에 따라 의도가 왜곡될 수도 있다는 얘기다.

우리는 개인적 경험이나, 가치관, 처한 환경, 상대에 대한 느낌 등에 따라 '말'을 최종적으로 편집하고 해석한다. 자신의 의도가 속내와 다르게 전달될 때 이를 '오해'라 부른다. 오해는 상대에 대한 편견과 자신의 콤플렉스가 빚어낸 합작품이다.

반지 끼는 손가락은 따로 있다?

얼마 전 전업주부인 친구가 전화로 하소연을 해왔다. 손위 동서의 말이 너무 서운하게 들린다는 것이다. 이 친구는 결혼하고 10년이 넘도록 잘난(?) 동서 때문에 속앓이 아닌 속앓이를 해왔다.

"난 진짜 이해가 안 가. 왜 나만 만나면 애 하나 더 낳으라고 성화인지 모르겠어. 그렇게 낳고 싶으면 자기나 낳을 것이지…."

친구는 한두 번 듣는 얘기가 아니라며 분통을 터뜨린다.

"그러게. 동서가 하나 더 낳으면 되겠네."

난 늘 친구가 서운하지 않을 만큼만 대꾸한다.

아무래도 친구는 동서가 애 하나 더 낳으라고 할 때마다 날리는 말 때문에 빈정이 상한 모양이다.

"동서, 난 더 낳고 싶어도 일 때문에 못 낳아. 내가 동서라면 하나 더 낳겠다. 젊고 여유 있을 때 낳으면 좋잖아."라는 말이 "나는 일하는 사람이라 애 키울 시간이 없어. 동서는 집에서 놀잖아. 어차피 할 일도 없는데 애나 하나 더 낳아."처럼 들린다는 것이다.

친구는 손위 동서에게 자존심 상한 적이 많았다. 시댁에서 줄곧 며느리들의 학력, 집안, 재력 등으로 보이지 않는 차별을 받았다고 생각하기 때문. 안 그래도 얄미운 동서가 시부모님 사랑까지 받고 있다고 생각하니, 좋은 이야기라도 곧이곧대로 들릴 리 없다.

"시부모님 입장에서도 열 손가락 깨물어 더 아픈 손가락이 있을 거야. 손가락이 10개나 되지만 반지 끼는 손가락은 따로 있잖아. 반지 꼈으면 가만히나 있든가."

이런 식으로 그간의 경험들을 탄탄한(?) 논리로 펼치는 친구에게 입바른 소리를 하기란 쉽지 않다. 내가 보기에 친구의 속앓이는 동서와 시부모님에 대한 편견, 그리고 자신의 콤플렉스가 뭉쳐져서 만들어진 오해, 그리고 그 오해들이 축적된 결과물인데 말이다.

세상에 콤플렉스 없는 사람은 없다. 설령 결점이 전혀 없는 사람이라 해도, 결점이 없다는 것 자체가 결정적인 콤플렉스가 될 수도 있다. 지나친 편견과 콤플렉스는 관계를, 소통을 왜곡시킨다. 말의 통로마다 콤플렉스 덩어리가 떡하니 버티고 있으니, 진심이 담긴 말이라도 똑바로 가지 못하고 굽이굽이 돌아가게 된다. 당연히 오해할 수밖에 없다. 편견과 콤플렉스의 화학작용이 만들어낸 가장 큰 희생자는 바로 '자신'이다. 끊임없는 피해의식에 사로잡혀 주변 사람들이 나를 싫어한다고 오해할 소지가 커지기 때문이다.

이럴 땐 정면 돌파를 권하고 싶다. 괜히 우회하지 말고 내 콤플렉스의 정체를 똑바로 살펴보는 거다. 인간의 노력으로 극복할 수 있는 영역인지, 신만이 해결할 수 있는 영역인지 냉철하게 판단하라. 노력해서 지울 수 있는 거라면 하루라도 빨리 벗어나는 게 현명하다. 자신의 노력으로 어쩔 수 없는 영역이라 판단되면, 그냥 포기하는 것도 좋은 방법이다.

아무것도 모르는 동서가 친구의 서운한 감정을 아는 날엔 아마 충격 좀 받지 않을까. 자기가 내뱉은 말들이 왜곡되어 누군가에게 상처를 주고 있는 줄 알았다면, 무심코 애 하나 더 낳으라는 이야기를 하진 않았을 테니까. 동서야말로 억울할 수 있다.

'어떻게 내 말이 그렇게 들려?'

정말 예상치 못한 결말로 뒤통수를 맞은 건 동서일 수도 있다.

비워서 채우는 여백

무얼 하든 바쁘게 움직이지 않으면 왠지 잘못 살고 있는 것 같은 두려움, 뛰지 않으면 뒤처질 것 같은 두려움은 어딜 향해 뛰는지도 모른 채 계속 뛰게 만든다. 마음 한편으로는 내가 잘하고 있는지 의심스러우면서도, 그저 지금 뛰고 있다는 사실이 다행스럽기만 하다. 멍하니 쉬는 자신을 보고 있으면 죄책감마저 든다.

이들에게 쉬는 건 쉬는 게 아니다. 이런 생각까지 할 정도면 '경주마 콤플렉스' 환자다. 경주마의 미덕은 자신의 트랙에서 앞만 보고 뛰는 것이다. 굳이 옆을 돌아볼 필요가 없다. 주위에서 경주마처럼 달려가는 사람들을 보면, '바쁨'을 최고의 미덕으로 알고 산다.

이런 사람에게는 짧은 시간 안에 얼마나 많은 사람들과 효율적으로 커뮤니케이션하는지가 중요하다. 이들은 사람들과 대화를 나눌 때도 '경제성'의 원리를 적용한다. 경제성의 원리라는 시각에서 보면 여유는 '게으름'이고 배려는 '오지랖'일 뿐이다. 그래서 그들이 하는 말들은 물 없이 먹는 고구마처럼 퍽퍽하다. 어디 말뿐일까? 말은 그 사람의 인격을 보여주고, 글은 그 사람의 가치관을 드러내고, 표정은 마음상태를 보여주는 것이니, 결국 바깥으로 드러나는 모든 모습이 자신을 닮아 있을 게 빤하지 않은가. 그렇게 생각하면 정말 말이나 행동 하나하나가 쉽지 않다.

'역보역추'로 통하라

K부장은 평소 '효율과 성과'를 부르짖는, 비교적 딱딱한 업무 스타일을 추구한다. 이런 K부장이 가장 못마땅하게 여기는 사람은 기획팀 L대리. 원만한 성격에 배려심 넘치는 L대리는 직원들에게 인기 만점이다. 팀원들의 변화에 가장 민감하고, 잊지 않고 안부를 챙긴다. 하지만 K부장은 그런 L대리가 일의 핵심은 잘 짚지 못하고 그저 사람만 착한 것 같아 답답하기만 하다.

L대리와 이야기하다 보면 "그래서 어떻게 됐는데? 결론이 뭐야?"라는 말부터 먼저 튀어나온다.

"결론부터 말하란 말이야. 왜 그게 안 된다는 거지?"

K부장에게 대화란 최대한 이성적이고 효율적인 수단이어야 한다. 그에게 상대방의 근황이나 기분 따위를 묻는 건 불필요한 수다일 뿐이다. 그는 쓸데없는(?) 대화가 사람과 사람 사이를 부드럽게 해주는 윤활유라는 사실을 모르는 것 같다. 기름기 쫙 빠진 대화는 군살 하

나 없는 뼈다귀와 같다. 뼈와 뼈끼리 부딪히면 아프기만 하다. 크지는 않지만 소리도 나고.

컨설팅을 하다 보면, 탁월한 업무능력으로 뛰어난 성과를 내며 승승장구하는 고객들의 숨겨진 고민을 의외로 자주 접하게 된다. 상담을 통해 알게 된 S상무도 스마트한 머리와 남다른 성실함으로 남들보다 빠르게 승진한 케이스였다.

겉으로는 아무 문제 없어 보이는 그의 고민은, 일 하나만큼은 똑부러지게 잘한다고 자부해왔는데, 위로 올라갈수록 실무보다 인간관계가 훨씬 더 중요하더라는 것. 지금까지 오지랖이라는 생각에 소홀히 했던 아랫사람 챙기기라든가, 아부처럼 보일까 봐 외면했던 윗사람과의 커뮤니케이션, 이 모든 것이 불필요한 오지랖이나 아부가 아니라, 인간관계를 매끄럽게 해주는 윤활유라는 것을 뒤늦게 깨달았다는 것이다.

하지만 안 하던 일을 하는 게 말처럼 쉽다면 얼마나 좋을까. S상무에게는 어떤 대형 프로젝트보다, 상사에게 전화를 걸어 살갑게 안부를 묻거나 직원의 고민을 들어주는 것이 몇 배는 더 어렵다.

S상무처럼 지금껏 아무렇지도 않게 잘해왔는데, 갑자기 게임의 룰이 바뀐 것마냥 당황하는 사람들을 보면 안타까운 마음이 앞선다. 만일 뛰어난 일솜씨만으로 2% 부족하다고 느낀다면, 지금부터는 내가 갖지 못한 능력을 가진 이를 곁에 두고 배워보아도 좋을 것이다.

나는 가장 효과적인 학습법으로 남의 행동을 따라 하는 '역보역추
亦步亦趨'를 권하고 싶다. 역보역추는 공자의 수제자인 안연이 어느 날
공자에게 "스승님께서 걸으시면 저도 걷고, 스승님께서 빨리 걸으시
면 저도 빨리 걷고, 스승님께서 뛰시면 저도 뜁니다."라고 했던 말에
서 유래된 것이다. 공자의 행동을 그대로 따라 한 안연처럼, 누군가
의 닮고 싶은 부분을 하나부터 열까지 따라 해보는 건 어떨까.

내 속엔 내가 너무도 많아

혹시 안연이 공자를 따라 하는 건 당연하고, 공자가 안연을 따라 하
는 건 이상하게 느껴지는가? 아랫사람 혹은 나보다 못한 사람에게서
배우는 것을 부끄럽게 생각할 필요는 없다. 스승이란 나이가 든다고 저
절로 되는 것이 아니라, 내가 갖고 싶은 것을 가진 사람이 진짜 스승이
니까. 당연히 어린아이도 스승이 될 수 있고, 여든이 넘은 노인도 스승
이 될 수 있다. 마이크로소프트사의 빌 게이츠도 자신의 가장 큰 장점
은 다른 사람들의 장점을 내 것으로 만드는 거라고 밝힌 바 있다.

말처럼 쉽다면 얼마나 좋겠는가. 사실 상대방의 어떤 점을 배워야
할지 알면서도 알량한 자존심 때문에 선뜻 나서기란 쉽지 않다. 얼마
되지 않는(?) 자존심 챙기느라 모처럼 찾아온 배움의 기회를 날려버
리는 것이다. 자존심은 그럴 때 챙기라고 있는 게 아닌데 말이다.

간혹 다른 이들의 장점을 배우려다가 이도 저도 아닌 어설픈 상황
이 되어버렸다는 분들도 있다. 자기만의 색깔도 사라지고, 그렇다고

상대의 장점도 내 것으로 온전히 만들지 못한 어정쩡한 상황.

하지만 일단 어설프게나마 남을 따라 하고 나면, 그다음 이도 저도 아닌 상태를 거치면서 자기만의 스타일을 갖게 될 때가 온다. 누구에게나 내 것으로 온전히 체화하는 숙성의 시간은 필요하다. 이 또한 단숨에 해치울 것이 아니라 여유를 갖고 할 일이다.

'내 속엔 내가 너무도 많아. 당신의 쉴 곳 없네'라는 노랫말이 있다. 맞는 말이다. 내 안에 '나'가 너무 꽉 차 있으면, 다른 사람이 비집고 들어올 여유가 없다. 여백은 자투리 공간이 아니라, 누군가를 위해 비워둔 배려의 공간이다. 꽉꽉 채우지 않고 비움으로써 소통하려는 여유의 공간인 것이다.

PART 3

'통즉불통',
통하면 아프지 않다

나 는 너 와 통 하 고 싶 다

서툰 남자, 낯가리는 여자

엘리베이터에서 어른을 만나면 고개 숙여 인사하는 아이들을 볼 때마다 참 기특하다는 생각에 마음이 훈훈해진다. '이런 아이들의 부모는 어떤 사람일까?' 하는 궁금증과 함께.

남자 어른 둘이 비좁은 엘리베이터에 타면, 대략 다음과 같은 장면이 펼쳐진다. 먼저 가려는 층수를 누른 다음, 뒤로 살짝 물러난다. '당신이 갈 층은 직접 누르세요'라는 나름의 배려. 그리고 누가 더 빨리 내리는지 얼른 확인한다. 내가 먼저 내릴 것 같으면 회심의 미소를 짓는다. 그다음엔 누가 먼저랄 것도 없이 서로 다른 쪽을 쳐다본다. 또는 층을 가리키는 빨간색 숫자가 변하는 것을 뚫어져라 바라본다. 빨간 숫자에 서스펜스가 있을 리 없고, 감동적일 리는 더더욱 만무하건만. 그리고 원하는 층에 서면 마치 혼자 있었던 것처럼 유유히 엘리베이터를 빠져나온다. 가벼운 해방감을 느끼며.

남아 있는 사람은 재빠르게 '닫힘' 버튼을 누른다. '나도 해방이다!'라는 표정이다. 두 아저씨들도 집에서는 아이들더러 어른들에게 인사 잘하라고 가르칠 것이다. 회사에 가면, 부하직원이 상사를 봐도 아는 척 안 한다며 요즘 것(?)들은 버릇이 없다는 푸념을 늘어놓을 테고.

소통에 관한 책을 준비 중이라 했더니 평소 가깝게 지내던 멋쟁이 신사 K대표께서 좋은 소재가 될 거라며 자신의 경험담을 들려주셨다.

얼마 전 같은 아파트에 살고 같은 성당에 다녀서 종종 마주쳤던 이웃을, 'CEO 클래식 음악감상모임'에서 우연히 만났다고 했다. 그런데 반가운 마음에 아는 척을 했더니, "아, 예." 하며 애매하게 인사를 받더라는 것이다. 그때는 '나를 기억 못하나 보네'라는 생각에 그냥 넘겼다고 한다. 그런데 나중에 모임에서 다시 마주쳤는데, 이번엔 알아보겠지 싶어 눈인사를 건넸더니 그냥 지나치더란다. 그래서 K대표도 결심을 하셨다고.

'건방진 사람이군. 나도 굳이 아는 척하지 말아야지.'

서툰 남자

남자들은 소통에 서투르다. 지위 고하를 막론하고 누군가와 대화를 나누는 데 익숙하지 않다. 미국 샌프란시스코 대학의 연구결과에 의하면, 여성은 하루 2만 개의 단어를, 남성은 여성의 1/3에 불과한

7,000개의 단어만을 사용한다고 한다.

이는 애초부터 남성과 여성의 뇌 구조와 기능이 다르기 때문이다. 여성의 경우 남성보다 기억이나 감정, 언어능력 등을 담당하는 기능이 더 발달한 데다, 아이와의 의사소통을 주로 책임지다 보니 말을 많이 하게 된다. 선천적이자 후천적으로 소통에 강한 셈이다.

반면 남성의 경우 선천적으로 언어에 약하기도 하지만, 사회적인 '역할'을 고려해볼 때 후천적으로도 대화에 서툴 수밖에 없다.

경쟁이 치열한 직장에서의 대화는 대부분이 '명령과 보고' 위주로 이루어진다. 상사가 부하에게 무언가를 지시하면, 부하는 그 결과를 보고하는 식이다. 그리고 여성에 비해 가족과 함께 있는 시간이 물리적으로 부족하기 때문에, 가족과의 소통 또한 원활하지 않은 경우가 많다.

이러한 남자들이 소통에 익숙해지려면, 반드시 내려놓아야 할 게 있다. 바로 '계급장'이다. 정확히 말하자면 계급에서 오는 권위의식이다. 항상 자신을 'OO 전자 김 부장' '△△건설 박 이사'로 말하던 이들은 계급장 떼고 자연인(?)으로 돌아갔을 때, 관계를 맺는 데 어색하고 서투른 모습을 보인다. 자신의 뒤에 후광처럼 비치던 계급장이 일종의 서열을 만들어줬는데, 그게 사라지니 대체 어떤 위치에서 무슨 말을 해야 할지 몰라 차라리 입을 닫고 마는 것이다.

6년간 '메모'로만 대화를 나누던 70대 부부가 법정으로부터 이혼

판결을 받았다. 40여 년을 함께 살아온 부부였는데, 6년 동안 남편이 요구나 질문을 써주면, 아내가 그에 답하는 식으로 지내왔다는 것이다. 남편의 메모 내용을 보면 정말이지 말문이 턱 막힌다.

'두부는 비싸니 찌개에 많이 넣지 말고, 3~4개만 잘라 넣을 것' '정장바지가 왜 거실에서 나왔는지 그 진의를 소명하라고 했는데, 어찌 지금까지 묵묵부답인지 금일까지 소명할 것'

부부라는 이름으로 살면서 아내를 종 부리듯 하던 남편은, 어느 날 깻잎 반찬을 상에 올리지 않았다는 이유로 아내의 멱살을 잡았다. 이에 분개한 아내는 더 이상은 이렇게 살 수 없다며 이혼을 청구했다. 40년을 함께 산 부부의 대화가 '메모'를 통한 명령과 응답이라니, 차마 믿기 힘든 이야기다. 물론 극단적인 사례일 것이다. 하지만 정도의 차이만 있을 뿐, 우리 주변에는 소통에 서투른 이웃들이 비일비재하다.

두산 그룹의 박용만 회장은 기업 총수 중에서 트위터를 통해 자유롭게 소통하는 걸로 유명하다. 직원뿐 아니라 대중들과 이야기하는 데도 열심이다. 자신의 견해를 솔직하게 밝히고, 가끔은 공개적인 약속을 하기도 한다. 두산베어스의 임태훈 선수가 허리 통증에도 불구하고 역투를 펼쳐 팀을 승리로 이끌자, 그는 임태훈 선수를 꼭 한번 업어주고 싶다고 트위터에 올렸다. 나중에는 벌게진 얼굴로 함박웃음을 짓는 사진을 트위터에 올리며 귀여운 엄살을 부렸다.

'약속한 대로 업어줬습니다. 허리 아포요. ㅠㅠ 무지하게 무거워요.'

때로는 느닷없이 '번개팅'을 신청할 때도 있다. 예정에도 없이 직원들을 모아 맥주 한잔 하며 허심탄회한 대화를 나누는 것이다. '서열'이 뚜렷한 조직에서 리더가 먼저 자신의 권위를 내려놓기란 좀처럼 쉽지 않은데, 그리고 보면 예전과 정말 많이 달라지긴 한 모양이다.

요즘 앞서가는 남자들은 소통에 열심이다. 권위를 버리면 채워지는 것도 있다는 사실을 깨달은 까닭이다. TV 토크쇼를 봐도, 커피전문점엘 가도 남자들끼리 수다 떠는 모습이 종종 눈에 띈다. 일반적으로 여자들 목소리 톤이 높아서 수다스러운 것처럼 보일 뿐, 남자들도 굵직굵직한 중저음으로 수다를 많이 떤다.

바람직한 일이다. 열심히 말하고 열심히 들어줘야 된다. 젊어서 잘나갔던 남자들일수록 나이 들면 친구가 없다. 갈 데도 없고 불러주는 사람도 없으면, 늙어서 아내에게 화를 당할 수 있다. 두려우면 지금부터 부지런히 대화를 시도해야 한다.

낯가리는 여자

나를 비롯한 많은 여자들의 문제는 낯을 기린다는 것이다. 여자들은 대개 가족이나 친구, 친한 직장동료처럼 가까운 관계에서의 소통에는 능숙하다. 반면 가깝지는 않으나 꼭 필요한 사람들과의 소통에서는, 낯을 가리거나 어딘지 모르게 서툰 모습을 보인다.

아마 '꼭 그렇게까지 해야 하나?'라는 생각이 바닥에 깔려 있기 때문일 것이다. 일과 육아, 학업 등 다양한 활동을 병행하는 사람들일 수록, 다양한 소통의 채널이 필요한데 말이다.

아이가 아플 때, 초등학교에 입학할 때, 사춘기에 접어들 때 등 수 많은 고비를 겨우겨우 넘겨가며 경력을 관리해왔는데, 정작 승진이나 이직 시에 든든한 사회적 우군이 없으면 곤란해진다. 그때가 돼서 뒤늦게 땅을 쳐봐야 이미 때 늦은 후회일 뿐.

학교 앞에서 문구점을 하시던 엄마가 인맥을 앞세워 실력을 행사한 덕에, 나는 1년 일찍 초등학교에 들어갔다. 두 살 위인 오빠가 학교 가기 싫다고 하도 고집을 피워서, 함께 다니면 좀 나을까 싶어 끼워넣었다는 게 좀 더 정확하겠지만.

그 때문에 나는 발육도 지능도 조금씩 더딘 아이가 되어 친구들에게 자주 놀림을 받았다. 초등학교 때야 놀림으로 끝났지만, 중학생이 되면서는 따돌림으로 한 단계 업그레이드됐다. 학기 초 짝꿍이 시작한 따돌림은, 내 짝이 다른 아이들을 열렬히 포섭하면서 반 전체로 퍼져갔다. 못된 짝궁과의 모진 인연은 무려 2년이나 계속되었다. 그 탓이었을까. 난 지독한 소심쟁이에 낯가림 심한 어른이 되어버렸다.

사회적으로 경력이 쌓이고 나이가 들어가면서 이러한 성격은 사소한 문제를 만들기 시작했다. 대학원 원우 중에 유독 활기차고 시원시원한 C라는 여자분이 있었다. 나도 그녀에게 호감을 갖고 있었는데, 마침 그녀가 내게 말을 걸어왔다.

"안녕하세요, ○○○ 인데요. 명함 좀 받을 수 있을까요?"

나는 상황이 갑작스럽기도 하고, '가방에 명함이 있던가? 오늘 강의 끝나고 다 쓴 거 같았는데'라는 생각에 잠시 주춤했다. 그러자 직선적인 성격의 그녀는 조금 새침한 목소리로 "줄지 말지 생각하시나봐요."라고 말했다.

"아, 그게 아니고, 하필 명함이 떨어진 거 같아서요."

난 그 일로 많은 생각을 하게 됐다. 나를 그렇게 생각할 수도 있겠구나, 하고.

실제야 어떻든 간에, 먼저 다가가 말을 걸거나 환한 얼굴로 인사하지 않으면, 얼마든지 차갑고 권위적인 사람으로 오해받을 수도 있다는 사실을 깨달았다. 소심쟁이에 낯가림 심한 아이는 진즉 졸업했어야 했다. 다 커서 안 어울리게 무슨 낯가림이란 말인가!

지인 K는 직장회식이며 동호회 모임, 전 직장동료 모임까지 각종 모임에 아주 열성적으로 참석하는 편이다. 심지어 야근을 한 날에도 잠깐이라도 들러 얼굴을 내미는 성의를 보인다. 당연히 알고 지내는 사람이 많을 수밖에. 난 그녀의 적극적인 행동이 부러우면서도, '부정적'인 측면이 눈에 띌 때가 더 많았다.

'저러니 연애할 시간이 없지' '실속 없게 오지랖만 넓어서는' 등등.

그런데 뒤늦게나마 그녀는 나와 달리 다양한 사람들과 관계를 맺고 지낸다는 사실을 알게 되었다. 그녀를 돕거나 지지하는 동료도 믿기 어려울 만큼 많았다. 전부 뿌린 만큼 거둔 것이다.

언제나 '소통만세'를 외치는 나이지만, 정작 나는 소통의 도사가 아니다. 그저 내가 싫으면 다른 사람도 싫을 거라 생각하는 정도? 반면 지인 중 Y소장은 일명 '인맥관리의 도사'다. 그와 관련된 책도 여러 권 써서 꽤 인지도가 높은 편이다. Y소장에게 물었다. 나처럼 낯가림이 심한 사람이 할 수 있는 인맥관리를 '원 포인트 레슨'으로 부탁한다고. 그랬더니 딱 한마디 하셨다.

'무조건 많이 만날 것!'

그러나 현실은 암담하다. 일, 가정, 육아, 대학원까지 병행하는 나로서는 사람을 만나기 위해 시간을 내기가 쉽지 않다. 특히 일하는 사람들은 주로 저녁에 모임을 갖는데, 저녁시간은 대학원과 아이에게 할애해야 하기 때문에 더더욱 여의치 않다. 뭐, 많이 만나는 것이 100점짜리 답이겠지만, 환경이 안 따라주면 70점짜리 답이라도 찾아야 하지 않겠는가. 내가 가능한 범위에서 찾은 답은 이거다.

'차 마실 관계라면 밥을 먹고, 밥 먹을 사이라면 술을 한잔 할 것!'

내 경우엔 점심시간을 주로 활용하는데, 저녁은 서너 시간을 할애해도 부족한 느낌이 들지만, 한두 시간짜리 점심은 꽤 오랜 시간 대화를 나눌 수 있어 만족스럽다. 낯을 가리는 성격이라면, 문자로 보낼 일은 전화를 걸고, 전화할 일이라면 직접 찾아가는 식으로 조금씩만 더 신경을 쓰자. 연락도 한 번 할 거 두 번 하고, 두 번 할 거 세 번하는 식으로, 점차 횟수를 늘려가면 덜 부담스럽게 접근할 수 있을 것이다.

진짜 70점짜리 솔루션에 불과하지만, 좀 더 일찌감치 사람들과 부대끼고, 얼굴을 붉힌 후에도 화해하고, 의견을 조율하고, 우정을 다졌더라면 좋았을걸 싶다. 하지만 늦었다고 생각할 때가 가장 빠른 법. 지금부터라도 5년, 10년 정기적금 붓듯이 조금씩 사람들에게 투자하면, 나중에는 주위에 좋은 사람들이 통장잔고처럼 불어나 있지 않을까.

거짓말 가이드라인

어린 시절 친구 5명이서 사과서리를 한 적이 있다. 그중 가장 키가 큰 아이가 고개 옆 과수원에 개구멍이 있는 곳을 안다며 우리를 꼬드겼다. 키가 큰 친구는 망을 보고, 키가 작은 우리들은 과수원에 들어가 막 익기 시작한 사과를 따오기로 역할을 분담했다. 내 심장소리가 귀에 또렷하게 들릴 만큼 부들부들 떨렸지만, 용케도 탐스런 사과를 몇 개 따는 데 성공했다.

그런데 지지리 운도 없이 주인 아저씨에게 딱 들켰다. 맹세코 우리는 그날 처음 서리를 했는데, 사과가 익기 시작하면서 다른 아이들도 한두 번씩은 다녀간 터라 우리가 다 뒤집어 쓸 판이었다. 벼르고 있던 아저씨는 주동자가 누군지 색출해내려고 우릴 다그쳤고, 함께 서리를 했던 친구들은 "전 아닌데요." 하면서 하나둘씩 빠져나갔다. 나만 남겨놓고.

내가 특별히 정직한 아이여서가 아니라, 어쩌다 보니 빠져나갈 타이밍을 놓쳐버렸다. 내 손에 든 사과를 보면서 아니라고 발뺌할 용기도 없었고, 온몸은 이미 두려움으로 얼어붙은 상태였다. 결국 자동으로 내가 주동자가 됐다. 과수원 아저씨와 아버지의 친분으로 훈계만 듣고 풀려나긴 했지만, 지금도 그때를 떠올리면 '왜 난 아니라고 빠져나오지 못했을까? 친구들은 다 빠져나갔는데'라는 생각부터 든다.

우리는 어렸을 적부터 '거짓말하면 나쁜 사람'이라는 말을 귀에 못이 박히도록 듣고 자랐다. 그렇다고 내가 거짓말을 안 하는 건 아닌데, 어설프게 거짓말하는 나를 보면서 이래도 되나 싶을 때가 있다. 물론 거짓말이 서툴다는 걸 알아서 되도록 안 한다. 하다가 들키면 더 민망하니까.

그러다 보니 난감할 때도 많다. 머리 스타일을 바꾸거나 안 하던 액세서리를 하고 오면 호들갑스럽게 칭찬하는 사람들이 있다. "어머, 어머! 너무 예쁘다!"

난 성격상 그런 말을 잘 못한다. 내 눈에 예쁘지 않으면 칭찬이 잘 안 나온다. 고작 "어디서 샀어?" 이런 말이나 한다. 그럴 때마다 입에 발린 칭찬이라도 좀 더 열심히 해야 되는 거 아닌가 싶어 매번 갈등하지만, 좀처럼 되지 않는다.

나도 내가 배운 대로 아들에게 거짓말을 하지 말라고 가르친다. 그런데 아이러니하게도 정작 아들에게 거짓말을 가르치는 사람이 '나'일 때가 많다.

매주 일요일이면 요양원에 계시는 친정엄마에게 가야 하는데, 아무래도 약속이 있거나 피곤한 날에는 가고 싶지 않다. 그렇게 한 주 빼먹고 가는 날이면, 지난주에 엄마가 일 때문에 바빠서 못 온 거라고 아들과 미리 말을 맞춰둔다. 할머니가 불시에 물어보실지 모르고, 사실을 알면 서운해할 게 빤하니 이건 '착한 거짓말'이라는 말과 함께. 아이를 공범으로 포섭하며 자연스럽게 거짓말을 연습시키는 것이다.

우리 아들은 나를 닮았는데, 특히 거짓말할 때 어설픈 게 나랑 정말 똑같다. 아들이 거짓말할 때면 저게 거짓말인지 아닌지, 왜 그러는지도 다 알 수 있을 만큼. 진짜 나를 닮아 그런 건지, 아직 어려서 그런 건지 알 순 없지만, 무척이나 어설프게 금방 들통날 거짓말을 한다. 말은 완전 더듬고, 눈동자는 하늘을 향하고….

어쨌든 아들이 거짓말을 하면 혹독하게 야단을 치다가도, 한편 이상한(?) 걱정을 하게 된다.

'솔직하고 착하게만 살아서 되는 세상은 아니잖아. 융통성 없이 자라도 문제인데, 어느 정도 가이드라인을 정해야 하지 않을까?'

아직은 거짓말을 해서는 안 된다는 양심과 사소한 거짓말이 필요하다는 현실 사이에서 마음이 왔다 갔다 하는 것 같다.

우리 중 누구도 거짓말을 해도 된다고 배운 사람은 없다. 그럼에도 아주 자연스럽게 거짓말을 하며 자란다. 인간의 천성일 수도 있고, 암암리에 교육을 받았을 수도 있다. 어쨌든 해서는 안 된다는 거짓말을 스승도 없이 독학으로 배운 터라, 가이드라인도 이론적인 토대도 약하다. 할 때마다 고민되는 거짓말. 이참에 한번 정리해보자. 어차피 하게 될 거짓말이라면.

하얀 거짓말

평소 거짓말을 잘 못한다는 이유로, 은근히 난 '정직한' 사람이라는 프라이드를 갖고 있었다. 그런데 달리 생각할 만한 사건이 일어났다. 8년 동안 유지하던 짧은 머리가 싫증 나서 머리를 기르기로 했다. 원래 머리를 기르는 과정은 지겹기도 하고 예쁘지도 않다. 그래서 가르마를 바꾸기도 하고, 앞머리만 짧게 잘라보기도 하고, 뻗치는 스타일도 해보는 등 다양한 시도로 지루함을 견뎠다. 그중에서도 뻗치는 스타일을 했을 때는 반응이 별로였다. '추노'에 나왔던 대길이 언니 같다나? 어쨌든 지루한 과정을 거쳐 드디어 머리가 묶일 만큼 자랐다.

나는 어느 정도 자란 머리에 한껏 고무되어, 베이글 사이즈 얼굴을 가진 연예인들이 주로 하는 업스타일 만두머리에 도전했다.

'오우~!'

얼굴이 훨씬 갸름해 보이는 것도 같고 어려 보이는 것도 같아, 나름 만족스러웠다. 라디오방송을 하러 갔더니 다들 예쁘다며 그야말로 호들갑스럽게 칭찬을 늘어놓았다. 그들의 진심 어린 호들갑에 마음이 흐뭇했다. 이번엔 학교에 갔더니 동기들이 너무 잘 어울린다며, 진작 기르지 그랬냐고 한껏 붕붕 띄워주었다.

"아하하, 그러게 말이야."

하루 종일 기분이 좋았다. 조금 신경이 쓰이기도 했는데, 이렇게 열렬한 호응을 보낼 줄이야.

그런데 동기 하나가 다가오더니 그런다.

"어머 언니! 그 머리 뭐야? 웬 육영수 여사?"

오 마이 갓, 머리를 관통하는 한 방이다.

"나이 들어 보여."

헉, 확인사살까지.

'고마 해라, 죽었다 아이가….'

이 사건을 겪고 나니, 나도 이 친구랑 같은 타입인가 싶었다.

'어머니는 자장면이 싫다고 하셨어'라는 노랫말처럼 남을 위한 거짓말이나, 남에게 해가 되지 않는 거짓말, 에너지를 팍팍 주는 거짓말, 이렇게 명확한 가이드라인이 있는 하얀 거짓말은 좀 해도 괜찮다. 다음은 내가 듣고 싶은 '하얀 거짓말' 리스트다.

"어려 보여요." 젊어 보인다는 말은 듣고 싶지 않다. 이 말은 이미 젊지 않다는 의도가 바닥에 깔려 있어서 별로다. 동안이 대세인지라 남녀노소 불문하고 다 통하는 거짓말이다.

"요새 좀 야윈 것 같다." 내지는 "살 빠졌지? 라인이 달라졌는데."

야윈 것 같다는 말은 건강하고 튼실해 보이는 사람들에게 최고다. 좀처럼 듣기 힘든 말이니까.

"최고예요." "아주 좋았어요." 일을 끝내고 클라이언트에게 듣고 싶은 말이다. 능력을 인정받는 말이야말로 누구나 듣고 싶은 말이 아닐까.

아! 육영수 여사 머리. 잘 생각해봤는데 안 어울리는 것을 어울린다고 할 필요는 없다. 왜냐하면 계속 어울리는 줄 착각하고 다니는 것도 좋지는 않으니까.

"머리스타일 바뀌었네, 여성스럽다." 정도면 어떨까? 거짓말도 아니면서 관심은 드러내는.

새빨간 거짓말

독일의 심리학자 슈테른은, 거짓말은 누군가를 속여 어떤 목적을 달성하고자 하는, 의식적이고 허위적인 발언이라 말했다. 일반적으로 자신의 이익을 목적으로 하는 새빨간 거짓말은 시간이 흐르면 다 들통나게 되어 있다.

그렇다면 거짓이 훤히 드러났는데, 딱 잡아떼는 사람들의 심리는 무엇일까? 거짓말을 습관적으로 하는 사람들 중에는 상처가 있는 이들이 많다. 어린 시절 누군가에게 인정받지 못하고 자라서 자존감이 낮은 사람들이 그런 경우다. 그래서 자신의 열등감을 감추기 위해 거짓말을 하고, 과장을 하고, 때론 침묵을 통해 은폐를 기도한다. 심지어 사실이 밝혀질까 두려워 또 다른 거짓말도 서슴지 않는다.

거짓말은 자기가 가진 것들을 빼앗길까 봐 하기도 하고, 사랑받지 못할까 봐 두려워서 하기도 한다. 사실 새빨간 거짓말의 가장 큰 문제는 자신에게 해를 끼치는 것을 넘어서서, 주변 혹은 사회적으로 어마어마한 파장을 일으킨다는 것이다.

학력 위조로 세상을 떠들썩하게 했던 신정아 사건, 맞춤형 줄기세포로 국민적 영웅에서 사기꾼으로 전락한 황우석 사태, 청문회에서 거짓말로 순간의 위기를 모면하려다 덜미가 잡힌 수많은 정치인들, 도박이나 마약으로 사회적 물의를 일으킨 유명인들까지.

새빨간 거짓말의 가장 큰 피해자는 자신이겠지만, 영향력이 큰 사람의 거짓말은 그 영향력만큼 많은 사람들을 검붉게 물들인다. 따라서 새빨간 거짓말은 가이드라인 자체가 없다. 해서는 안 된다.

생계형 거짓말

취업 포털사이트 '인크루트'에서 다음과 같은 설문조사를 했다.

'직장에서 상사에게 거짓말을 한 적이 있는가?'라는 질문에 60%에 가까운 사람이 습관적으로 혹은 필요하다 싶을 때 거짓말을 한다고 대답했다.

기업 인사 담당자들을 상대로는 '상황에 따라 필요한 거짓말을 하지 못하고, 원리원칙대로만 행동하는 아랫사람을 보면 어떤 생각이 드는가?'라는 질문을 했더니, 응답자의 68%가 '융통성이 없는 답답한 사람' 혹은 '세상을 어떻게 살지 걱정스러운 사람'이라는 답을 내놓았다. '정직한 사람'이라는 답을 선택한 사람은 전체의 9%에 불과했다. 많은 사람들이 사회생활에서의 적당한 거짓말이 유연성 내지는 센스라고 생각하는 것 같다.

아울러 직장인들이 가장 자주 하는 거짓말이 무엇인지 알아보았다. "내가 회사를 그만두고 말지." "집에 일이 있어서…." "차가 막혀서 늦었습니다."

상사의 지시를 이해하지 못하면서도 "네, 잘 알겠습니다."

매번 커피에 복사 심부름을 부탁하며 미안하다는 상사에게 "괜찮습니다, 부장님."

이런 종류가 대부분이었다. 자기 앞에 놓인 사소한 장애물들을 넘기 위한 생계형 거짓말들이다.

비언어 의사소통 전문가이자 '거짓말 박사'란 별명을 가진 폴 에크먼 교수의 연구에 의하면, 사람들은 의식적이든 무의식적이든 평균 8분에 한 번, 하루 200여 차례의 거짓말을 한다고 한다.

'설마 그렇게까지?' 싶은데, 거짓감정을 연기하는 것까지 포함하면 충분히 그 정도는 될 것 같다. 예를 들어 직장에서 화가 나도 안 난 척한다든지, 즐겁지 않아도 억지로 웃는다든지, 자신의 감정을 숨겨서 불편해질 만한 상황들을 피하는 것 말이다.

나 같은 경우엔 내 성격을 숨기기 위한 연기도 자주 한다. 꽤나 소심한데 대범한 척하는 거다. 다들 속는 걸 보니 제법 리얼한가 보다.

연기력으로만 따지자면, 강력한 여우주연상 후보일지도.

이렇게까지 자신을 숨기는 이유는 간단하다. 회사는 다양한 사람들이 일하기 위해 모인 집단이므로, 일의 효율을 해치면서까지 사사로운 감정을 드러내는 것은 프로의 자세가 아니라고 생각하기 때문이다. 요즘에는 이직이나 승진 시 평판을 조회하기 때문에 이를 관리하려는 차원이기도 하다.

〈거짓말을 못하는 나라〉라는 영화가 있다. 그곳에 사는 모든 사람들은 거짓말을 할 줄 모른다. 가령 코카콜라 광고 모델은 "알고 보면 갈색 설탕물에 불과하지만, 빠른 시일 내에 콜라를 사주세요."라고 말한다. 주인공 마크는 오랫동안 짝사랑하던 여인과 소개팅하는 날, 그녀로부터 "조금 짜증나려고 하네요. 당신과 데이트할 생각을 하니…."라는 쓰라린 인사를 듣기도 한다.

영화 속 사람들은 거짓말만 못하는 게 아니라 속내를 감추지도 못한다. 그러다 우연히 주인공 마크가 거짓말을 배우게 되면서 거짓말을 통해 사랑도 부도 손에 넣는, 그런 내용의 영화였다.

우리도 마크처럼 누가 가르치지 않아도 거짓말을 할 줄 안다. 어렸을 때 절대 거짓말을 해서는 안 된다고 배우지만, 어른이 되면 알게 된다. 세상을 움직이는 또 다른 축이 '거짓말'임을.

분명 우리는 타인과 소통할 때 하얀 거짓말로 적당히 기름칠을 하기도 하고, 자신의 이익을 위해 새빨간 거짓말을 하기도 한다. 그리고 원활한 인간관계를 위해 혹은 자신의 안위를 위해, 생계형 거짓말도 한다. 그렇게 하지 말라고 배웠건만, 커가면서 조금씩 '자기주도학습'으로 배우는 게 거짓말이다.

어떤 종류의 거짓말이든 하지 말라는 걸 하니 뒤가 개운치 않다. 할 때마다 원칙 없이 들쑥날쑥한 것도 불편한 마음을 키운다. 그래서 거짓말에 대한 가이드라인을 세웠다. 거짓말에도 사람을 살리는 거짓말이 있고, 진실에도 사람을 죽이는 진실이 있다. 그러니 '거짓을 말해야 한다면 사람을 살리는 거짓말을 할 것', 바로 유대인의 지혜다.

욱하는 성질 죽이기

　나는 버스를 타면 주로 앉는 자리가 있다. 기사 바로 뒷자리나 내리는 문 뒷자리다. 기사 뒷자리는 타자마자 출발하는, 성질 급한 우리나라 버스에서 그나마 넘어지지 않고 신속하게 앉을 수 있어서 좋고, 내리는 문 뒤쪽은 졸다 깨서 급하게 내려도 가장 덜 민망하게 내릴 수 있기 때문이다.

　어느날 퇴근길의 일이었다. 기사 아저씨 뒷자리에 막 앉으려는데, 출발하려는 버스를 타러 뛰어온 50대 아저씨가 문을 쾅쾅 두드렸다. 어찌나 세게 두드리던지 기분이 상한 기사 아저씨는, 못 들은 척 아랑곳하지 않고 버스를 출발시켰다. 그런데 웬걸, 하필이면 신호에 딱 걸려 버스가 오도가도 못하는 신세가 되어버린 것이다. 그러자 50대 아저씨, 이를 놓치지 않고 움직이는 버스 앞을 떡하니 막아섰다.

　'오 마이 갓!!'

버스 앞유리를 또다시 부서져라 두드리는 아저씨와 한동안 기 싸움을 벌이던 기사 아저씨는 더 이상 안 되겠던지 문을 열어주고야 말았다. 차에 올라탄 아저씨는 기세가 등등해져 욕을 퍼붓기 시작했는데, 어찌나 실감나던지(?) 듣기 민망할 정도였다. 물론 그에 질세라 기사 아저씨도 함께 목청을 높였다. 그 많은 승객들은 자칫 잘못 건드렸다가 불똥이 튈까 두려워 슬슬 눈치만 보고 있었고.

이토록 무례하고 어이없는 광경이 대한민국 서울 한복판에서 일어났다. 보는 사람은 황당하기 그지없는데, 정작 장본인들은 다른 이들이 안중에도 없는 모양이다. 그저 분에 겨워 고래고래 소리만 지르고 있으니 말이다. 대체 왜 그렇게 화를 참지 못하는 걸까? 강남역에서 분당 가는 버스는 2~3분에 1대 꼴로 온다. 만원버스라 그런가 보다, 하고 다음 버스를 기다릴 수도 있었을 텐데, 그게 그렇게 어려웠을까?

기사 아저씨도 그렇다. 충분히 태울 수 있었는데, 왜 시간을 끌면서 오기를 부렸을까? 욱하는 성질과 그 성질을 돋우는 사람이 만나, 별 것 아닌 일로 퇴근길 시민들만 불편하고 민망한 신세가 되어버렸다.

살다 보면 화를 내야 될 때도 있다. 그러나 화를 내야 할 때와 참아야 할 때를 가리지 못하고 습관적으로 욱하게 되면, 트러블 메이커가 될 수밖에 없다.

《욱하는 성질 죽이기》의 저자이자 정신과 의사인 로널드 포터 에프

론에 의하면, 인간에게는 감정을 담아두는 그릇이 있는데, 그게 풍선과 비슷해서 화가 나면 빵빵하게 부풀어오른다고 한다. 보통 이성적으로 조절할 수 있을 만큼 늘어나는데, 어떤 사람들은 선천적으로 잘 부풀어오르는 풍선을 가져서 화를 자주 내는 것이다. 이 감정을 담은 풍선이 거대해져서 '펑' 하고 터지는 것을 '과도한 분노Excessive Anger'라 부른다. 전체 인구 중 20% 정도가 화를 다스리지 못한다고 한다.

욱하고 화를 내면 가장 큰 피해를 입는 것은 바로 자신이기에, 타고난 기질이라 어쩔 수 없다고 포기할 수는 없다. 주변에서 욱하는 친구들을 보면 하나같이 나중에 후회와 자괴감에 시달린다. 별것 아닌 일을 크게 키운 자신에게 화가 난다고 한다. 타인을 겨냥했던 화가 시간이 흐르면서 자신에게로 향하는 것이다.

'분노'의 감정들은 각기 다른 원인과 형태를 갖는다. 쓰나미처럼 와락 몰려오는 돌발성 분노, 이자가 쌓이듯 오랜 시간 축적되어 피해의식으로 자리잡은 잠재적 분노, 생명의 위협을 경험한 사람들이 자신을 보호하는 과정에서 느끼는 생존성 분노, 외부로부터 받은 상처가 자신의 해결능력을 초월한다는 무력감에서 비롯되는 체념성 분노, 사람들의 말이나 행동이 자신을 조롱한다고 해석하는 수치심에서 비롯된 분노, 어린 시절 보호받지 못한 경험이나 박탈감에서 비롯된 분노 등이 있다.

Y는 병중에 계신 엄마에 대한 분노가 크다. 아픈 엄마의 손발이 되

어 사느라고, 청춘은커녕 연애 한 번 못해보고 20년째 엄마의 볼모로 인생을 저당잡혀 살고 있기 때문이다. 게다가 자신의 정신적인 건강마저 심각하게 위협받고 있으니 어찌 원망스럽지 않을까 싶다.

효녀가수 현숙을 보면 어쩌면 저렇게 살 수 있을까 싶어 아주 가끔 반성도 해보지만, 현실은 늘 녹록지 않다. 뇌혈관 질환으로 수술을 받은 후 반신마비로 장애 2등급을 받은 엄마는, 자신의 고단한 삶의 무게를 함께 사는 Y에게 풀 수밖에 없었다. 때문에 Y는 오랜 시간 쌓여온 피해의식과 잠재된 분노, 엄마 때문에 아무것도 할 수 없다는 체념성 분노, 여기에 일순 모든 것에 대한 통제력을 잃게 되는 돌발성 분노까지 안고 시한폭탄처럼 살아간다.

대부분의 사람들은 특정한 한 가지 원인 때문에 욱하지 않는다. 몇 가지 이유가 복합적으로 연결되어 있다. 이 모든 분노가 합쳐져 '폭발'로 나타나는 것이다. 분노의 불씨가 가슴속에 있는 한, 언제든 기름만 만나면 불길이 일어난다. 그러니 불씨부터 꺼야 한다.

고작 하루 만에도 생각지도 못한 일들이 얼마나 자주 일어나는가? 믿었던 친구가 배신을 하고, 상사가 지시사항을 뒤집고, 애인이 나 몰래 클럽에 가기도 하고, 자판기가 농전을 꿀꺽하기도 하고. 이처럼 크고 작은 기름이 분노의 불씨와 만나면, 걷잡을 수 없이 위험해진다.

따라서 분노의 불씨는 나 자신이든 타인이든, 특정 상황에서 발생한 것이든, 적극적으로 다스려야 한다. 분노가 축적된 시간이 있는 만큼, 단숨에 해결될 만한 문제는 아닐 것이다. 그러니 자신이 왜 분

노하는지, 언제 어떻게 폭발하는지, 그 패턴을 기록하고 분노의 코드를 뽑아버리는 결단력이 필요하다.

분노를 느끼는 대상이 사람이라면 내 인생에서 그 사람을 플러그 뽑듯 뽑아내버리고, 특정 상황이라면 그 상황을 정면으로 직시해 분노의 '본질'을 들여다볼 필요가 있다. 분노의 본질을 아는 것이야말로 진정한 치유의 시작이다. 내 머릿속을 순식간에 하얗게 만들어버리는 원인을 직시해 분노가 더 이상 싹을 틔우고 뿌리를 내릴 수 없도록 파내는 것이다.

2년쯤 전부터 Y는 엄마와 떨어져 산다. 자신의 우울증 때문에 더 이상 엄마와 함께 지내기가 어려워져 내린 결단이다. 그 후 갑작스럽게 생긴 시간적 여유를 그 동안 소홀했던 자신을 위해 쓰면서 조금씩 치유해가고 있다.

딸과 떨어져 요양원에서 지내는 엄마는 함께 지내는 할머니들에게 시비를 걸고, 툭하면 싸워서 보호자인 Y를 죄인 아닌 죄인으로 만든다. 그녀는 정작 단 한 번도 엄마를 학교로 오게끔 한 적이 없는데, 엄마는 툭하면 말썽을 부려 속을 뒤집어놓으니 모녀가 바뀌어도 단단히 바뀌었다. 늘 뭔가를 해달라고 요구만 하는 엄마를 보면, 자신이 전생에 죽을 죄를 져서 이생에 갚느라 이러는 건가 싶다.

하지만 마음 여리고 착한 Y는 부모를 요양원에 모신 죄스러운 마음에 힘들었는데, 엄마의 사고라도 수습하니 내심 덜 미안하다며 웃는다. 20년간 쌓인 애증이 2년간의 헤어짐으로 수그러들 리 없지만, 그래도 한결 밝아진 표정을 보면 참 다행이다 싶다.

분노는 이렇게 적극적으로 다스려야 한다. 그 불길이 나를 삼키기 전에. 그렇지 않으면 하루의 피로를 안고 가벼운 마음으로 퇴근하는 사람들 앞에서 고래고래 소리를 지르는 이들로 인생이 피곤해질지도 모를 일이다.

그 입 다물라

"그만 좀 해!"라는 말이 절로 튀어나오는 말이 있다. 듣기 좋은 꽃 노래도 한두 번이라 했거늘, 꽃노래도 아닌데 듣기 싫은 말을 습관적으로 하는 사람들이 있다.

남편 : "또 먹냐?"

동창회에서 : "너도 어쩔 수 없이 늙는구나."

상사 : "하라는 대로나 해!"

엄마 : "공부해라!"

여자친구 : "그동안 쭉 생각해봤는데…."

손님 : "사장 나오라고 해!"

가수 싸이는 "살 빼!"라는 말이 가장 듣기 싫다고 했다. 나도 살 빼라는 말이 듣기 싫다. 그보다 더 듣고 싶지 않은 말은 "살 좀 빼." 각각의 음절이 하나의 강조점으로 팍팍 꽂히는 게, 영 기분이 별로다. 이보다 잔인한 말은 없을 거 같았는데, 듣고 나니 더 기분 나쁜 말도 있다. "살 좀 빼지."

아 다르고 어 다르다고 했다. "살 좀 빼지."라는 말에는 무수하게 생략된 말들이 녹아 있다. 아, 계속 설명하자니 왠지 구차해진다. 그만해야지.

좋은 음식을 먹으면 몸이 건강해지고, 좋은 말을 들으면 영혼이 건강해진다. 그런데 왜 좋은 말은 다 놔두고, 하필 듣기 싫은 '불량식품' 같은 말만 골라 하는 걸까?

중국 속담에 글은 몰라도 먹고사는 데 어려움이 없으나, 사람을 모르면 먹고살기 힘들다고 했다. 생각없이 미운 소리를 해대는 사람들을 볼 때마다, 저렇게 사람 속을 몰라서야 밥인들 먹고살까 싶은 의문마저 든다. 그런 사람들은 대체로 비슷한 특징을 보인다.

하나. 자기중심적으로 생각한다. 다른 사람의 기분을 고려하지 않고 생각나는 대로 뱉어낸다. 머리와 입이 직통으로 연결되어 있어서 별다른 필터를 거치지 않고 말하는 것이다. 말 안 하고 참으면 화병이라도 난다고 생각하는지, 속 시원하게(?) 해댄다.

"살 빼면 되지. 그게 뭐가 어려워? 먹지를 말든가. 틈만 나면 먹고 있더라. 그럼 어느 세월에 살이 빠지겠어. 살 빠지기를 바라질 말든 가." 이쯤 되면 맞는 말도 듣기 싫게 하는 재주까지 있는 거다.

둘. 내 입장, 내 것부터 챙긴다. 살다 보면 이해관계가 맞물릴 때 도 있다. 그럴 땐 내가 '명분'을 갖고 상대에게는 '실리'를 챙겨줘야 한다. 때로는 내가 손해를 보더라도 물러서야 될 때도 있다. 다음에 못 받을 수도 있지만, 그러면 어떤가. 나이가 들면서 알게 된 것 중 하나가, 은혜를 베푼 당사자에게 꼭 빚을 갚지 않을 수도 있다는 점 이다.

언젠가 토크쇼에 김치 사업에 성공한 탤런트 김수미 씨가 나와서 이런 이야기를 들려주었다.

"어린 시절부터 일찌감치 부모님 곁을 떠나 서울에서 유학을 했는 데, 갑자기 김치가 너무 먹고 싶지 뭐예요. 그래서 어느 부잣집 대문 을 두드렸어요. 마침 나온 아주머니는 그 집에서 일하는 분인 것 같 았는데 김치가 너무 먹고 싶다고 조금만 얻을 수 없겠냐고, 기어들어 가는 소리로 물었죠. 그랬더니 그 아주머니가 김치를 한 보시기 수북 하게 들고 나와 제 손에 들려주셨어요. 잘사는 집 김치라 그런지 밤 이며 굴이며 이것저것 넣고 얼마나 공들여 만들었는지 몰라요. 너무 고마워서 나중에 꼭 갚으리라 마음먹었죠."

바쁘게 사느라 잊어버렸던 그 기억이 배추파동으로 김치가 '금치' 가 되면서 되살아났다. 그 옛날 고마웠던 아주머니를 찾을 길이 없었던 김수미 씨는 출하하려 했던 김치를 전부 수해지역으로 내려보냈다. 그러고 나니 그때 그 빚을 조금이나마 갚은 것 같아 그렇게 마음이 좋을 수가 없었다고 한다.

이렇게 빚은 엉뚱한 사람에게 갚을 수도 있는 것이다. 그게 세상 이치인데도 내 입장, 내 이익만 먼저 챙기는 사람들이 있다. 은혜를 갚기는커녕 은혜를 입었다는 사실조차 지워버린다. 이들에게 협상이란 있을 수 없다. 세상에서 제일 웃기는 소리는 '윈윈win-win'이다. 그들에게는 승자독식만이 진리다.

셋. 칭찬에 인색하다. 잘못한 건 눈에 쏙쏙 들어오지만, 잘한 것은 당연하게 여긴다. 그러면서 "칭찬해주고 싶어도 칭찬할 거리가 있어야 하지!"라고 말한다. 모처럼 칭찬을 해도 어딘지 모르게 기분 나쁜 칭찬이다.

"네가 웬일이냐?" "이번엔 그럭저럭 괜찮네." "은근 백치미가 있으시네요."

분명 칭찬을 들었는데도, 왠지 돌 같은 게 씹혀서 뱉어내고 싶은 기분이 된다.

넷. 진실이라는 이름으로 면죄부를 받으려 든다. 듣기 싫은 말의 실체는, 인정하긴 싫지만 진실인 경우가 많다. "내가 없는 말했어? 사실을 사실대로 말했을 뿐이잖아."

자신은 진실을 말한다는 허울 좋은 이유 뒤로 숨어버린다. 그러나 진실이라는 이유로 모든 것이 용서되는 건 아니다. 자신이 다른 사람에게 휘두른 말이 칼이 되어 상대를 벨 수도 있다. 아무리 진실이라도 상대을 배려하지 않는 진실은 거짓보다 나을 게 없다. 눈곱만큼도.

다섯. 시기, 질투가 많다. 동료나 선후배들이 잘나가는 꼴을 못 본다. 어떻게든 끌어내려야 직성이 풀린다. 남의 잘못은 들춰내고 실수는 부풀린다. 더 나쁜 것은 많은 사람들과 그 사실을 공유한다는 것. 공공의 적을 만들어 험담하면 우정이 돈독해진다고 믿는 걸까? 당시에는 '비밀'을 공유하는 기분이 들지 몰라도, 뒤돌아서면 내가 없는 곳에서 나를 뭐라 말할지 석연치 않다. 이런 사람들과는 더 이상 말을 섞고 싶지 않다. 잘못 엮였다가 그 밥에 그 나물 취급받을까 봐 두려워진다.

그런 의도는 아니었는데 누군가에게 말로 상처를 입혔다면, 대화 패턴을 바꿔볼 필요도 있다. 입장을 바꿔보면 상대의 마음을 이해하기 쉽다. 내가 싫은 건 다른 사람도 싫은 법이니까. 그러니 다 너를 위해서 하는 소리라는 말도, 조언이나 충고의 탈을 쓴 잔소리도 자제하자. 혀를 깨물고라도 참아야 한다.

꼭 해야 될 조언이나 충고라도, 말하기 전에 몇 번이고 고민해봐야 한다. 먼저 상대방이 내 말이 오해 없이 전달되는 일촌인지 아닌지를 생각해보자. 아니라는 결론이 나면 역시 꾹 참아야 한다.

입장을 바꿔본다 해도 윗사람이 아랫사람의 입장을 헤아리긴 쉽지만, 아랫사람이 윗사람의 입장을 헤아리기란 어렵다. 경험해본 일은 쉽게 이해할 수 있지만, 경험해보지 않은 일들은 이해하기 어렵기 때문이다. 부하직원은 그 위치에 가본 적이 없으니 상사의 마음을 알 리가 없다. 평생 살찐 적이 없는 사람은 물만 먹어도 살찌는 사람의 비애를 알지 못한다.

흔히들 하는 말이 있다. "겪어봐라, 그땐 내 맘 알 거다."

그래서 역설적으로, 겪어본 입장이라면 좀 더 너그러워져야 할 것이다. 나야 지나오면서 진하게 느낀 게 있지만, 상대방은 아직 그 지점을 통과하지 못한 것이니 좀 더 기다려주자.

나 또한 누군가가 어느 길목에서 기다리고 있을지도 모를 일이다.

"어때, 이제 내 맘 알겠지?" 하고.

빤한 것은 비틀어라

칭찬을 주제로 스피치 수업을 하면, '칭찬은 고래도 춤추게 한다'는 말이 빠지지 않고 꼭 등장한다. 칭찬은 고래를 춤추게 할지는 몰라도, 이 말은 나를 미치게 한다. 이 말을 들을 때마다 표현력이 그거밖에 안 되나 싶어 안타까운 마음이 든다.

이처럼 어디선가 자주 들은 듯한 표현이나 평이한 문장은, 재미도 없고 감동도 없고 참신하지도 않은, 킬링타임용 멘트일 뿐이다. 이런 말은 이야기한 사람은 있어도, 들은 사람은 없는 상황을 만들어버린다. 즐겁게, 멋지게 소통하려면 빤한 것을 비틀어보는 용기가 필요하다.

한때 '무한도전'에 출연한 개그맨 정형돈 때문에 '미친 존재감'이라는 말이 유행했다. 사람의 존재감이 중요한 것처럼, 말의 존재감도 중요하다. 존재감이 없는 말들은 식상하다. 센스 없는 주부처럼. 콩나물을 보면 콩나물 무침이나 콩나물국만 떠올리는 사람들이 있다. 센스 있는 주부는 냉장고에 있는 다양한 재료와 섞어서 다양한 요리를 만들어낸다. 콩나물 잡채, 콩나물 아귀찜 등등. 같은 재료라도 다른 레시피를 응용하면 얼마든지 새로운 요리를 만들 수 있다.

그럼 빤해지지 않으려면 어떻게 해야 할까? 빤해지는 이유는 기존의 것을 답습하기 때문이다. 말에 생명력을 부여하려면 기존의 판을 깨고 새로운 판을 짜야 한다. 말을 비틀어보고 쪼개보고 프레임을 이동해보자. 전혀 다른 것끼리 조합하고 같은 것도 다르게 해석해보자.

관점을 비틀면 또 다른 것들이 보인다. 다양한 시점에서 생각하면 된다. 늘 가던 길로만 가면 실수야 하지 않겠지만, 영영 새로운 길을 알 수 없다. 식당도 검증된 단골식당만 가다 보면, 정작 귀한 손님이 오셨을 때 모시고 갈 만한 곳을 몰라 당황하게 된다.

프레임을 이동하라

다음 글을 읽어보라. 여러분이라면 어떤 말을 들었을 때 흔쾌히 수술에 동의하겠는가?

1. 암환자 10명 중 8명이 수술 후 완치되었다.
2. 암환자 10명 중 2명이 수술 후 사망했다.
3. 암환자 4/5가 수술 후 완치되었다.
4. 암환자 1/5이 수술 후 사망했다.

아마 1번과 3번을 선택했을 것이다. 이미 눈치챘겠지만, 1~4번은 모두 같은 내용이다. 프레임만 다르게 적용했을 뿐. 따라서 어떤 선택을 해도 결과는 같다. 그럼에도 1, 3번처럼 '완치'로 프레이밍을 했을 때는 긍정적으로 반응하고, 2, 4번처럼 '사망'에 프레이밍을 했을 때는 부정적으로 반응하게 되는 것이 일반적이다. 이처럼 어떻게 프레이밍을 하느냐에 따라 설득의 효과가 크게 달라지는 것을 이를 '프레이밍 효과Framing Effect'라 한다.

3월 13일은 우리 부부의 결혼기념일이다. 그리고 3월 14일은 화이트데이다. 결혼 2년차가 되었을 때, 이틀이나 연달아 기념일을 챙기는 게 번거로웠는지 남편이 물었다.

"큰 걸로 하나 받을래? 작은 걸로 2개 받을래?"

남편 사정은 모르는 척하고 나는 작은 거 2개를 받는 쪽을 골랐다. 왠지 하나를 받으면 기념일 하나가 날아가는 것 같아 손해를 보는 느낌이 들었기 때문이다. 뭐, 생각해보면 '조삼모사' 계산법이지만.

어찌 됐든 친구들에게 자랑을 하더라도 이건 화이트데이에 받은 거고 이건 결혼기념일 선물로 받은 거라고 말하는 것과, 화이트데이랑 결혼기념일을 합해서 받은 선물이라 말하는 것과는 천지차이다. 결국 어느 쪽을 골라도 들어가는 비용은 같지만, 기분 문제인 거다.

그런데 프레임을 한 번 더 이동하면 얘기가 달라진다. 내 돈이 남편 돈이고 남편 돈이 내 돈이다. 그러니까 나는 내 돈 갖고 내 선물 산 게 되는 거다. 칫, 몹쓸 프레임이다.

어떤 관점에서 이야기하느냐에 따라 이해가 되기도 하고, 그렇지 않기도 하다. 이러한 점을 잘 이용하는 유명인들이 있다. 각종 비리나 스캔들이 터졌을 때, 인간적인 부분을 강조하며 인정에 호소하는 것이다. 사업에 실패해서 그럴 수밖에 없었다든지, 불우했던 어린 시절 때문에 이렇게 됐다든지, 자식에게 미안한 마음이 커서 삐뚤어진 보상심리로 해서는 안 될 일을 했다든지, 우울증이 심해서 그랬다든지 등등. 여기에 링거 하나 꽂고 휠체어까지 타면 그럴듯한 그림이 나온다. 팩트의 본질은 갑자기 흐려지고 인간적인 연민이 커진다. 정이 많은 우리 국민들은 금방 용서하게 된다.

'그놈의 정이 뭔지….'

코디네이션하라

개그맨 김국진 씨가 모 예능 프로그램에서 자신의 인생을 롤러코스터에 빗댄 강의가, 많은 사람들에게 감동을 선사하며 화제가 된 적이 있다.

그는 오르막과 내리막이 차례차례 펼쳐지는 롤러코스터를 다이내믹한 인생에 비유하며, 자신은 20년째 롤러코스터를 타고 있다고 했다. 그의 오르막 인생은 개그맨 신인상을 받은 뒤의 보장된 삶이었다. 그러다 자신의 미래에 의문을 품고 꿈을 찾아 미국으로 떠난 것이 첫 번째 내리막이었다. 오해에서 비롯된 연예인 영구제명과 지진 경험 등, 2년 동안 처절하게 내리막으로 치달았지만 그는 한 번도 두렵지 않았다고 했다. 어차피 바닥을 친 다음에는, 그 탄력으로 쭉 치고 올라갈 것을 알고 있었으니까.

그리고 그는 자신의 예상대로 다시 오르막 인생을 향해 숨 가쁘게 올라갔다. 방송계를 움직이는 4인에 선정될 정도로 최고의 전성기를 구가하던 그가 다시 빠르게 내려간 것은, 프로골퍼에 도전하면서부터였다. 그리고 지금은 5년 연속 내리막을 거쳐 바닥을 찍고, 다시 끼익끼익 소리를 내며 오르려는 시점이라고 말했다.

그는 강당을 가득 메운 인생 후배들에게 잔잔하고 담담한 목소리로 자신의 이야기를 풀어나갔다. 아기는 걷기 위해 2,000번을 넘어진다고. 이미 여러분은 2,000번을 넘어지고 일어난 사람들이니까 걱정하지 말라고. 앞으로 학업 때문에, 사람 때문에, 사랑 때문에 넘어지더라도 절대 좌절하지 말라고. 그는 우리가 타고 있는 롤러코스터에는 '안전바'가 설치돼 있으니 그걸 믿고 각자의 인생을 충분히 즐기면 된다며 용기를 북돋워주었다.

롤러코스터와 인생, 두 번의 오르막과 두 번의 내리막, 그리고 또 다시 오르막의 꿈을 꾸는 그는, '인생'과 '롤러코스터'라는 단어를 조합해 짜임새 있게 이야기를 풀어냈다. 얼핏 들으면 별 상관이 없는 두 단어에서 공통점을 뽑아내 매치한 그의 화법은 기가 막혔다.

김국진 씨의 이야기는 독특하면서도 고개를 끄덕이게 만드는 단어들의 조합으로 머릿속에 오래도록 머물렀다. 이렇듯 자신의 경험을 사물 또는 단어와 연관시키거나, 단어와 단어를 조합하면 강한 임팩트를 남길 수 있다.

자기만의 스타일로 해석하라

음반시장이 불황이어서인지 요즘 리메이크 음반이 대세다. 새로운 곡을 만드는 것보다 경제적이기도 하고, 익숙한 선율이 대중에게 빠르게 어필하는 장점도 있기 때문이다. 리메이크한 노래들을 듣다 보면, 같은 노래도 누가 부르는지, 어떻게 편곡하는지에 따라 전혀 다른 느낌을 준다는 사실을 실감하게 된다. 이문세의 '붉은 노을'을 빅뱅이 리메이크했을 때, 이 노래가 이렇게 트렌디하고 발랄했던가 놀랄 만큼 신선하게 들렸던 것처럼.

말도 누가 어떻게 해석해서 전달하느냐에 따라 그 묘미가 달라진다. 영화를 보고 오면 나름대로의 해석을 부여해 맛깔나게 이야기하는 사람이 있다. 그때 이야기하는 사람이 어떤 식으로 말하느냐에 따라 그 영화를 볼지 결정하기도 한다. 말하는 이의 견해와 표현이 곁들여져 또 다른 스토리가 탄생하는 것이다.

패턴을 바꿔라

한 공기업에서 프레젠테이션 노하우에 관한 컨설팅을 한 적이 있다. 이곳에서는 1년에 한 번씩 성과나 사례를 발표하며 시상식을 연다. 다른 지점들의 성과와 정보 등을 공유하고 직원끼리 격려하는 자리이기에, 매년 행사 준비에 공을 들인다.

컨설팅을 하기 전에 담당자가 작년에 참여했던 팀들의 프레젠테이션 동영상을 보여주었다. 그런데 적잖게 놀랐다. 대부분의 팀이 15분 정도의 발표에 자료를 90~120장이나 준비한 것이다. 그 분량을 시간 내에 소화하기 위해 속사포 발표를 하느라, 말하는 속도가 거의 '랩' 수준이었다. 전달력도 떨어지고 설득력도 없는데 왜 이렇게 하느냐고 물었더니 '전통'이라고 했다. 처음에 일본 군인들이 보고하던 방식을 따라 하던 게 일종의 전통처럼 굳어진 것이다. 발표 장비는 첨단 디지털기기를 사용하면서 방법은 여전히 수십 년 전의, 기이해 보이기까지 하는 옛날 방식을 고수하는 게 납득이 되지 않았다. 담당자의 말에 의하면 심사하는 윗분들도 이 방식에 익숙하기 때문에 바꾸는 것은 곤란하다고 했다. 나는 말 그대로 '뜨악'했다.

"그럼 컨설팅은 왜 받으시려고 하나요?"

"그냥 준비 없이 참가하기는 불안하니까, 문제점은 없는지 체크해주시고 발표 스킬에 대한 조언만 좀 부탁드립니다."

새로운 방식을 받아들일 마음은 없으면서 문제점은 찾아 조언해달라고 하니, 그야말로 난감했다. 컨설팅을 하다 보면 의외로 이와 유사한 곳을 많이 만나게 된다. 흔히 윗사람들이 변화를 거부한다고들 하지만, 하부조직의 거부반응도 만만치 않다. 그러면서 우리만의 특수한 상황이니 이해해달라는 거다.

하지만 500여 곳이 넘는 기업체에서 강의와 컨설팅을 해본 나는 분명히 알고 있다. 그들만의 특수한 상황이란 건 애초에 없다는 것을.

어찌됐든 초반에 반발이 거세다고 상대방의 방식에 끌려가면 끝이다. 회사의 상황을 충분히 경청한 후, 내가 원하는 방식을 말해주고 가급적 빨리 합의점을 찾아야 한다.

신경전은 좀 있었지만, 다행히도 담당자는 패턴을 바꾸어보자는 의견에 동의해주었다. 내가 맡은 팀은 5시간 동안 짧게나마 열심히 훈련해서, 참가한 30개 팀 중에서 2등을 할 수 있었다. 멤버들이 대부분 노련한 30~40대인 데다 회사에서 촉망받는 유능한 인재들이어서인지 교육을 흡수하는 속도가 빨랐다. 그래서 더욱 아쉬웠다. 1등할 수도 있었는데….

1대1 소통이든, 1대다 소통이든, 얼굴을 맞대고 하는 소통이든, 마이크를 잡고 하는 소통이든, 미디어를 통한 대중과의 소통이든 전부 마찬가지다. 기존의 방식을 살짝만 비틀면 기발한 결과가 나온다.

관점을 비틀면 전혀 다른 얘기가 된다. 단어의 선택에 따라 말의 품질이 달라진다. 이야기의 소재를 비틀고 뒤집고 쪼개고 덧붙이면, 완전히 새로운 것이 탄생한다. 지루한 소통과 참신한 소통은 한 끗 차이다. 제발 더 이상 '칭찬은 고래도 춤추게 한다'는 말만은 하시 말자.

무행, 무지, 요요

언言은 소리로 쓰는 생각이고 행行은 몸으로 쓰는 생각이다. 생각을 옮기는 언言과 행行은 일치해야 한다. 말에 행동이 따르지 않으면 공허하고, 행동만 있고 말이 없으면 오해를 부르는 까닭이다.

소통에서 언과 행은 일란성 쌍둥이 같다. 그러나 언행일치의 중요성을 알면서도 좀처럼 지키기 어려운 이유가 세 가지 있다. 알면서도 안 하고, 몰라서 못 하고, 좀 하다가 제자리로 돌아가버리는 것. 즉 무행無行, 무지無知, 요요Yoyo effect다.

《내가 정말 알아야 할 모든 것은 유치원에서 배웠다》라는 책이 있다. 사는 데 기본이 되는 가장 중요한 것들은 이미 어렸을 때 배웠다는 내용이다. 안타깝게도 우리가 옥석을 가리지도 못하던 때 배워서, 그것들이 얼마나 가치 있는지를 몰랐을 뿐이다. 그리고 살면서 하나

하나 확인한다. '아! 그 말이 그런 뜻이었구나' 하고.

　머리로만 알거나 입으로만 내뱉던 그 말이 너무도 귀한 뜻이었음을 하나하나 깨달아가며 조금씩 어른이 된다. 그런 말들 중 하나가 만 번쯤 들었음직한 '진인사대천명盡人事待天命'이다. 너무 흔해서 별말이 아닌 줄 알았는데 자주 인용되는 이유는, 그만큼 딱 떨어지는 진리이기 때문이다.

　조조는 천하통일이라는 야망을 품고 적벽대전을 일으켰건만, 참혹한 패배 끝에 쫓기는 신세가 되었다. 제갈량은 후퇴하는 조조가 화용도를 지날 것이라 예측하고, 관우를 매복시켜 조조와 그의 군사들을 치도록 명했다. 제갈량이 예상했던 대로 화용도 막다른 곳에서 조조와 관우가 마주치게 되었다. 조조는 한 치의 망설임도 없이 말을 몰고 앞으로 나아가 몸을 굽히며 말했다.

　"장군. 내가 싸움에 지고 형세가 위태로워 이곳까지 왔지만, 더 이상 갈 길이 없구려. 제발 옛정을 가볍게 여기지 말아주시오."

　목숨을 구걸하는 조조를 보며, 관우는 충성스런 신하로서의 본분과 영웅호걸로서의 신의 사이에서 갈등하며 괴로워한다. 일전에 관우가 조조의 포로가 되었을 때, 조조는 그를 극빈으로 대접하며 편장군에까지 임명했다. 심지어 관우가 유비를 찾아 떠나는데도 죽이지 않았다. 결국 신의를 저버릴 수 없었던 관우는 군사의 대형을 움직여 조조의 후퇴를 돕는다. 그 일로 관우는 유비와 제갈량에게 군령에 따라 자신을 죽음으로 벌하라고 하지만, 유비의 설득으로 제갈량은 못 이기는 척 용서한다.

그러나 사실 제갈량은 명령을 내리기 전부터 이미 알고 있었다. 신의를 중시하는 관우가 조조를 죽이지 못할 것을. 그는 유비에게 이렇게 말했다.

"천문天文을 보니 조조가 아직 죽을 운명이 아닙니다. 그리하여 일전에 조조에게 은혜를 입었던 관우가 그 은혜를 갚을 수 있도록 화용도로 보냈습니다. 제가 사람으로서 할 수 있는 방법은 모두 다할 것입니다. 그렇다 할지라도 목숨은 하늘의 뜻에 달려 있으니, 하늘의 명을 기다릴 뿐입니다."

제갈량의 말에서 유래한 말이 바로 '진인사대천명'이다. 무릇 인간으로서 할 수 있는 모든 노력을 다한 후에 하늘의 뜻을 기다리라는 뜻이다.

무행無行

강의를 하다 보면, 깨작깨작 간만 보거나 최대한 덜 움직이면서 무언가를 얻어내려 하는, 행동하지 않는 '헛똑똑이' 학생들이 있다.

"강사과정만 끝내면 바로 강사가 되는 건가요? 확실히 알고 싶어요. 그래야 결정할 수 있을 거 같아서요."

강사가 되고 싶어 하는 분들 중에 가끔 이런 질문들을 하는 경우가 있다. 이렇게 질문하는 분들은 대략 두 가지 생각을 하는 것 같다.

일단 어떻게든 빨리 끝내고 싶은 마음이다. 대~에충. 강사과정은 입문일 뿐이지, 인정받는 강사가 되고 안 되고는 고객이 꾸준히 찾아주느냐에 달려 있다. 첫 번째 강의가 그다음 강의를 만들어내니 더더욱 철저하게 준비해야 한다. 그런데 강사가 되고 싶은 마음만 급할 뿐, 준비과정은 안중에도 없으니 안타깝기만 하다.

또 하나는 100% 강사가 된다는 확언確言 내지는 보장이 없다면, 도전하고 싶지 않은 모양이다. 강사과정은 이 일이 자신에게 맞는지 여부를 확인해볼 수 있는 시기이며 열심히 하면 반드시 길은 열린다고 말해주지만, 질문하는 사람은 빈말이라도 좋으니 반드시 된다고 말해주길 바란다. 허황된 말이라도 누군가 100% 보장하면 하고, 그렇지 않으면 망설이는 것이다.

다른 사람의 말을 듣고 자신의 미래를 결정하는 사람이라면, 뭐가 됐든 애초에 발을 담그지 않는 게 낫다. 돈이라도 날리지 않도록. 세상에는 약한 의지를 이용해 '100% 성공 보장'을 남발하는 사기꾼 같은 사람들이 판을 친다. 내 미래를 보장해줄 수 있는 사람은 아무도 없다. 부모도 못해준다. 그래도 부모님은 내 가능성과 상관없이 먼저 기회부터 주지만, 남이라면 어림도 없는 얘기다.

그러니 진짜 무언가를 간절히 원한다면, 남보다 한발 더 움직여야 한다. 이리 재고 저리 재며 불확실한 길은 절대 가지 않겠다는 비겁한 자세는 금물이다. 자신의 꿈과, 세상과 소통하는 방법은 선先 진인사 후後 대천명이다.

무지 無知

모르는 건 죄가 아니다. 모르면 배우면 되니까. 그러나 모르면서 배우지 않으면 죄를 지을 일이 생긴다. 아는 게 없을수록 마음에 걸리는 것도 없다. 자신이 무얼 잘못했는지 알지 못하니, 내가 누군가를 불편하게 만들었다는 사실조차 알지 못한다.

"내가 뭘?"

'이런, 맑고 투명한 영혼 같으니라고….'

친구와 삼청동에 있는 갤러리에 갔다. 유명 작가와 친분이 있던 친구가 나를 초대해주었다. 평소 그림에 대해 잘 알지는 못하지만, 무엇이 좋은 작품인지 한눈에 알 수 있을 만큼 충분히 멋졌다. 친구가 작가를 소개해주어 인사를 나누게 됐다.

"일부러 와주셔서 고맙습니다. 그림은 잘 보셨어요?"

"그럼요. 정말 멋지네요. 빨리 돈 벌어서 사고 싶은 작품이 너무 많아요."

인사가 끝나자 친구가 소매를 잡아끈다. 작가에게 대놓고 돈 이야기를 하는 것은 실례가 될 수 있으니 조심하라는 것이다. 그런 의미는 아니었는데, 진짜 몰라서 그랬던 건데 진심으로 민망하고 미안했다. 친구에게도 어찌나 창피했던지 순식간에 얼굴이 달아올랐다.

'미안혀, 친구야~'

지금도 그 생각만 하면 얼굴이 화끈거린다. 무지의 기간은 짧을수록 좋다. 해도 될 말과 해서는 안 될 말, 상대와 장소에 맞는 언행과

삼가야 될 언행…. 가급적이면 뭘 해도 용서가 되는(?) 풋풋한 시절에 최대한 많이 배우고 빨리 졸업하는 게 좋다. 나이 들어 실수하면 그 나이 먹을 때까지 뭐했냐는 질책이 따른다. 연륜이 쌓이고 위치가 높아지면, 모르는 것도 죄가 된다. 언행을 평가하는 잣대가 한층 엄격해진다. 종교인, 정치인, 연예인, 경제인…. 말로 화를 입은 인사들이 어디 한둘이었던가? 신입은 신입대로, 리더는 리더대로, 자신에게 걸맞은 언행을 갖춰야 한다. 자, 기억하자. 모르면서 배우지 않으면 언젠가 죄 지을 일이 생긴다는 것을.

요요

"자, 지금부터 다같이 해봐요. 다이어트 해보신 분! 해본 다이어트 종류만큼 손가락 접으세요!"

아마도 자신이 해본 다이어트 종류만큼 손가락을 접으라면, 꽤 많은 손가락을 접게 될 것이다. 어쩌면 열 손가락을 다 접어야 할지도.

사실 다이어트는 간단하다. 적게 먹고 운동한 만큼 성공하니까. 문제는 '요요'다. 나도 다이어트에 성공한 적은 많다. 다만 유지하는 데 실패했을 뿐.

누구나 행복한 마음으로 결혼을 한다. 하지만 유지하긴 어렵다. 누구나 승승장구 잘나간다. 하지만 유지가 어렵다. 뭐가 됐든 '유지'하는 건 쉽지 않다.

한 번 이룬 것을 꾸준히 유지하고 진짜 내 것으로 만들기 위해서는, '임계점'을 넘어야 한다. 어떤 물질의 구조와 성질이 변할 때의 '온도와 압력'이 있는데, 이를 넘어서는 지점을 임계점이라 한다.

변화와 성장은 계단식으로 온다. 열심히 노력해 임계점을 넘으면 성장한다. 그리고 한동안 평평한 지점을 걷고 또 걷는다. 지루하고 포기하고 싶은 시간이다. 그러다 다시 변화를 시도하고 임계점을 넘으면 또 한 단계 성장한다.

그렇게 한 계단 한 계단 오르듯이 도전과 성장, 유지를 반복하며 확고하게 자리를 잡으면 비로소 내 것이 된다. 계단 꼭대기에 오르게 되는 것이다. 내가 여전히 살을 빼지 못하고 계단 꼭대기까지 오르지 못한 것은 '요요'에 무너졌기 때문이다. 언제나 외식과 술자리가 나를 시험에 들게 한다.

'에휴~ 정말 알면 뭐하냐고요.'

소셜 리더의 소통법

우와, 심봤다! 아니 산삼은 아니고, 눈 속에서 나비를 보았다. 설날 가족들끼리 산소에 쌓인 눈과 낙엽을 치우다 그 속에서 나비를 발견한 것이다. 신기하게도 나비는 낙엽과 똑같은 색깔로 무장한 채 살아가고 있었다. 나름대로 대자연 속에서 살아가는 지혜를 터득한 모양이다. 어쩌다 인간들이 벌인 소동에 휘말려 눈밭에 몸을 드러낸 나비가 안쓰러워 낙엽 위에 살포시 올려놓았다. 예상치 못한 만남을 기념해 찰칵 사진도 찍고.

그나저나 때도 모르는 녀석이다. 추운 겨울에 어쩌자고 나왔을꼬.

현명한 세상살이를 위해서는, 시대가 요구하는 색깔에 나를 맞추어 살아가는 지혜가 필요하다. 나비처럼. 그래야 나를 지켜낼 수 있을 것이다. 지금 우리가 사는 세상은 투명한 유리상자와 같다. 기술이 발달하면서 인간은 들여다볼 권리와 드러낼 권리를 갖게 되었다. 한두 명만 건너면 모두가 아는 사이로 엮일 만큼 촘촘한 네트워크가 생겨났다. 훤히 들여다보이고 촘촘히 연결된 구조 때문에 더 이상 속이려 해도 속일 수 없는 세상이 되었다. IT의 발달은 우리에게 훤히 비치는 유리상자를 들여다볼 권리를 준 대신, 절대적으로 투명하게 살아갈 것을 요구하고 있다.

'소셜 미디어'는 대중에게 새로운 권력을 안겨주었다. 자신의 생각을 세상에 자유롭게 전하는 미디어의 권력. 마음만 먹으면 가뿐하게 개인의 신상을 털기도 하고, 감추고 싶은 비밀을 캐내어 응징하기도 한다. 가수들이 음반을 들고 나오면 MR을 제거해 가수의 진짜 노래 실력을 들추어내는 네티즌들도 있다. 국민들의 혈세를 축내는 정치인들의 외유 현장을 찍어 실시간으로 올리기도 한다. 사회 곳곳에서 리더로 활동하는 사람들의 거짓 학력도 만천하에 드러내 낙마시킨다. 제자에게 강압적이고 모욕적인 언행을 일삼던 교수를 공개적으로 응징하기도 했다. 이러한 사례는 수도 없이 많다.

이젠 납득할 수 없는 리더의 언행은 적극적으로 색출해내고, 재판하는 시대다. 따라서 새로운 시대에서 리더가 되려는 사람은 대중과 투명하게 소통해야 한다. 과거에 그랬던 것처럼 대충 그럴듯하게 포장해서 슬쩍 넘어가려 하면, '어딜!' 하고 뒷덜미를 낚아채는 세상이다.

유리처럼 투명한 세상에 살기 때문에 나는 어떤 사람인지, 진정성을 갖추고 '커밍아웃'해야 한다. '나는 이런 사람'이라고 보여주는 커밍아웃은 의도적인 '노출'이다.

그러나 남이 먼저 들추어내면 들킨 것이 된다. 불쾌한 패배감만 넘친다. 화려하고 과장되게 포장하기보다, 모자라면 모자란 대로 진검승부를 벌이는 지혜가 필요하다. 잘 보이고 싶으면, 포장을 하기보다 실제 그런 사람이 되기 위해 노력해야 한다. 분명 진정성을 전하기까지 많은 시간과 노력을 들여야 할 것이다. 어쩌면 제대로 보여주기도 전에 곁을 떠나는 이들이 생길 수도 있겠지만, 더 멀리 본다면 이 방법이 맞다.

하버드 경영대학원 교수이자 리더십 전문가인 스콧 스눅 교수는 새로운 리더십으로 '진정성 리더십Authentic Leadership'을 설파한다. 과거에 유행했던 카리스마 넘치는 '영웅적 리더십'의 시대는 저물고, 때론 실수도 하고 두려움도 느끼며 인간적인 한계를 드러내는 '진정성 리더십'의 시대가 왔다는 것이다. 이 리더십의 핵심은 스스로에게 진실해야 한다는 것. 내가 못하는 것은 못하는 것이니, 잘하는 것처럼 포장해서는 안 된다. 구성원들에게 자신을 투명하게 드러내고, 권한을 위임해 함께 헤쳐나가는 것이 진정한 리더의 자세다. 이렇듯 진검승부는 시대의 흐름이다.

자신을 파헤치고 파헤쳐라

있는 그대로 보여주라고? 그래, 그것까진 좋다. 그렇다면 내가 보여줘야 할 나는 누구일까? 진검승부를 펼치기 전에 생각해야 할 대목이다. 생각보다 사람들은 자신에 대해 잘 알지 못한다. 내 안에 있는 수많은 나를 한두 가지 모습으로 규정하기 어렵기 때문이다. 이런가 하면 저런 모습도 있고, 진지한 모습이 있는가 하면 전혀 엉뚱한 모습도 있다. 그러나 그렇게 다양한 모습 중에도 나를 가장 잘 드러내는 핵심적인 모습이 있다.

누군가를 생각하면 눈앞에 확 떠오르는 이미지가 바로 그것이다. 예를 들어 국민 MC 강호동 하면, 큰 목소리와 박장대소하는 모습, 잔디처럼 바짝 깎은 머리, 그리고 삼겹살과 천하장사 등이 떠오른다. 곰곰이 생각해보면 더 많은 것들이 있겠지만, 이 정도만으로도 강호동이라는 사람이 충분히 그려진다.

이것이 바로 개인의 핵심 정체성이다. 최고의 만화가 이현세 씨는 인물의 핵심을 잘 잡아내는 캐리커처를 자주 그린다. 그는 누군가를 그릴 때 5개 정도의 선이면 충분하다고 말한다. 수만 가지의 정체성 가운데 핵심은 많아야 5~6개라는 얘기다. 그거면 충분하다. 먼저 자신을 제대로 파악하고, 핵심 정체성을 '진심'이라는 포장지로 싸서 드러내자.

진심에 진심을 더하라

과거의 소통방식은 '톱다운Top-Down' 커뮤니케이션에 가까웠다. 위에서 아래로 흐르는 폭포와도 같은 소통방식이었다. 그러나 지금의 소통은 수직이 아닌 수평의 방식이어야 한다. 과거에 비해 개인의 교육수준은 높아졌고, 1인 미디어라는 날개까지 달게 되었다. 자기만의 목소리를 낼 자질과 환경을 갖추었다는 얘기다. 한결 스마트해진 개인은 자신들이 인정할 수 없는 리더가 힘으로 누르려 할 때 반발하려든다. 때문에 이 시대의 리더는 계급장을 떼고, 진심을 담은 수평적인 소통으로 인정받아야 한다.

재보험회사 '코리안리'의 박종원 대표는 직원들 개개인의 이름은 물론, 집안의 대소사까지 줄줄 꿰고 있다. 재정경제부에서 근무하던 그는 IMF 직후인 1998년에 '코리안리'에 부임했다. 외환위기 당시 보증보험의 손실이 커지면서 회사도 존폐의 위기에 처했다. 직원들은 회사에서 마음이 떠났고 자신감도 잃을 만큼 잃어서 회생 불능 상태였다. 그런 직원들을 데리고 그가 처음 한 일은 백두대간을 종주하며 직원들과 같은 텐트에서 먹고 사는 것이었다.

패배감에 젖어 있던 직원들은 대표의 파격적인 행보에 '여기가 군대인가? 홍보성 쇼 아냐?'라는 불만과 불신으로 가득 찬 반응을 쏟아냈다.

그러나 박 대표는 꾸준히 직원들과 뮤지컬을 보러 가고 점심을 함께하며 집안 대소사를 의논하고, 신입사원의 연애에도 조언을 하는 등 진심으로 다가가려는 노력을 아끼지 않았다. 그리고 신입직원을 임원회의에 참석시켜 회사의 중대사가 어떻게 결정되는지 투명하게 공개했다. 신입사원들의 참신한 의견을 경영에 반영하기도 했다. 이러한 노력 덕분에 직원들은 회사 사정을 정확히 파악하게 되었고, 지금은 박종원 대표에게 무한한 신뢰를 보내고 있다.

이처럼 리더의 진심을 담은 수평적인 소통을 통해, 그는 파산 직전의 코리안리를 부활시키는 데 성공했다. 코리안리는 박종원 대표가 부임한 지 12년 만에 재보험업계 아시아 1위, 세계 13위를 차지하는 쾌거를 올렸다.

낮추고 낮춰라

높이 솟아 있는 자리는 눈에 잘 띈다. 모두가 검은색 옷을 입었는데 혼자만 노란색 옷을 입은 것과 마찬가지다. 생태계에서 눈에 잘 띈다는 것은 '위험 신호'를 보내는 것과 같다. 그래서 낮추고 낮춰야 한다. 대중은 뭐가 됐든 자신만의 개인적인 잣대로 평가한다. 그것이 편견으로 가득찬 잣대이든, 그렇지 않은 것이든, 자기 방식대로 이해한다. 때론 옳을 수도 있고 그를 수도 있다.

중요한 것은 대중의 집단 선입견에 휘말리게 되면, 뒤에 숨은 진실은 드러나기 어려워진다는 거다. 이미 그러한 일을 여러 차례 겪지 않았는가. 타블로 사태, 광우병 사태, 천안함 사건 등.

처음엔 작은 불씨였던 것이 일파만파 커지면서 집단적인 위력을 갖게 되고, 그 불길에 휘말리면 너덜너덜해지는 건 시간문제다. 그래서 가급적 총알이 들어 있지 않은 빈총도 안 맞는 것이 낫다. 소리가 난 후엔 온갖 설들이 난무할 텐데, 바람 타고 흘러다니는 소문을 무슨 수로 잡을 수 있겠는가.

뒤늦게 무혐의로 밝혀진다 해도 이미 치명적인 상처를 입은 후다. 눈에 잘 보이는 높은 자리는 아무리 조심하고 조심해도 꼬투리를 잡히기 쉽다.

사석에서 '자연산' 발언으로 시끄러웠던 정치인부터, 아나운서를 비하하는 발언으로 물의를 빚은 정치인까지, 백번 양보해서 이들이 그저 평범한 일반인이었다면 큰 문제가 되지 않았을지도 모른다. 사석에서는 나라님 욕도 한다니 말이다. 그러나 대중의 리더가 한 말이라서 사회에 큰 파장을 미치는 것이다. 그러한 면에서 리더는 약자다. 백인백색의 대중을 상대하려면 엄청나게 잘해도 본전이다. 못하면 몰매를 맞고.

신중에 신중을 기하라

리더는 코끼리와 같다. 코끼리는 원래 순한 동물이지만 압도적인 크기 때문에 살짝만 돌아누워도 그에 깔려서 목숨을 잃을 수 있다. 리더도 마찬가지다. 섬세하지 못한 리더의 언행이 누군가의 인생을 송두리째 뒤엎을 수 있음을 잊지 말아야 한다.

노자의 도덕경을 보면 '큰 나라를 다스리는 지도자는 무릇 작은 생선을 굽는 것처럼 행동해야 한다'는 말이 나온다. 작은 생선을 뒤집을 때 젓가락으로 쑤시거나 마구 휘저으면, 부서져서 맛도 없고 보기에도 좋지 않다. 이처럼 리더의 말도 작은 생선을 조리하듯, 늘 조심스럽고 신중해야 한다.

또한 리더의 말은 '깃발'과 같다. 조직원들이 어디를 향해 뛰어야 할지 모르고 우왕좌왕할 때 리더의 말은 '깃발'이 된다. 사람들은 리더의 깃발 아래 모여 한 방향을 향해 뛴다. 그래서 때로는 리더의 잘못된 지시가 모두를 위험에 빠뜨리기도 한다. 리더가 더욱 신중에 신중을 기해야 하는 까닭이다.

투명한 시대에 걸맞은 소셜 리더가 되고 싶다면, 과거의 방식과 이별하고 새로운 소통의 룰을 배워보자. 먼저 자신을 깨닫고, 솔직하게 오픈해야 한다. 더 이상 군림하는 자리가 아니라, 수평의 위치에서 눈을 맞춰야 한다. 불특정 다수가 두 눈을 크게 뜨고 지켜보는 자리이기 때문에 낮추고 또 낮추고, 신중에 또 신중을 기해야 하는 것이다.

나는 대중목욕탕에 가지 못한다. 시골에서 자란 탓에 가장 예민한 시기인 열일곱 살에 목욕탕을 처음 가보았다.

'허~억!'

모두가 똑같이 벗고 있으므로 누구도 부끄러워하지 않는데, 나만 괜히 몹시 부끄러웠다. 어디다 눈을 둬야 할지 모르겠고, 함께 간 이

모는 등을 밀어주겠다고 하는데 도망치고 싶은 마음만 간절했다. 촌스럽게도 그때의 부끄러움과 충격으로 그 후부터는 목욕탕에 가지 못한다.

친구와 사우나에 같이 가면 친해진다고들 한다. 모든 것을 다 보여주고 나면 그만큼 가까워지기 때문일 것이다. 안타깝게도 친구와 목욕탕은 못 가지만 타인과 소통할 때만큼은, 최대한 가식을 벗으려 한다. 세상에 처음 나오던 그때처럼, '날것' 그대로의 나를 보여주려 한다. 글이든, 말이든 간에.

PART 4

통하고 싶다면
'나'를 제대로 보여줘라

나 는 너 와 통 하 고 싶 다

당신은 어떤 소리를 내고 있나요?

마흔이 넘으면 자기 얼굴에 책임을 져야 한다는 말이 있다. 사람의 얼굴은 살아온 삶에 따라 달라지며, 얼굴이 당사자의 심성이나 성품을 반영한다는 의미일 것이다.

목소리도 마찬가지다. 사람들은 자신만의 톤이나 억양, 호흡 등 다양한 면에서 얼굴만큼이나 개성 넘치는 목소리를 갖고 있다. 말하는 사람의 성품이나 내면에 따라 풍기는 향기도 달라진다. 제각기 다른 성격과 향기가 어우러져 자기만의 고유한 '소리'가 된다.

임신 초기에 입덧이 심해 아무것도 먹지 못하고 엄청 고생한 적이 있다. 아이러니컬하게도 생애 최초로 비쩍 말라가는 기쁨을(?) 만끽하던 시절이었다.

그런데 갑자기 나도 몰랐던 비상한 능력이 발휘되기 시작했다. 몸의 오감을 총동원한 능력이었다. 형광등에 전기가 들어오는 소리, 거실에서 티슈를 뽑는 소리가 들리기 시작하더니, 아랫집에서 먹는 생크림 케이크 냄새까지 맡게 되었다. 믿기 어렵겠지만 진짜 그랬다.

친정엄마에게 생크림 냄새가 역겹다고 하소연을 늘어놓았더니 아랫집에 사실 확인차 내려가신 엄마가 깜짝 놀라 올라오셨다. 아닌 게 아니라 아래층 꼬마가 생일을 맞아 생크림 케이크를 먹고 있더라는 것이다. 그때의 나는 가히 '소머즈'와 맞먹는 초능력자였다.

하지만 신비로운 능력 탓에 본의 아니게 너무나도 괴로운 나날을 보내야만 했다. 동네 개도 아닌데 못 맡는 냄새가 없었고, 도청기도 아닌데 못 듣는 소리가 없었다. 가만히 누워서 세상의 모든 소음과 냄새와 전쟁을 벌이며 하루하루를 보내야만 했다. 그중에서도 아침 6시면 어김없이 울리는, 옆집 남자의 알람 소리가 가장 괴로웠다. 그때는 내가 불면의 밤을 보내고 겨우 잠이 들 시간이었는데, 이웃집 남자는 30분 넘게 알람이 울려도 절대 일어나지 않는 초인적인 능력을 갖고 있었다. 티슈 뽑는 소리도 들리는 내게, 그 알람은 귀에 확성기를 가져다 댄 것마냥 크게 들려왔다. 그걸 매일같이 하루도 거르지 않고 30분 넘게 방치해두다니…. 아! 그러고 보니 그도 초능력자였나 보다. 웬만한 소리는 듣지 못하는.

어쨌거나 초능력을 갖고서 알게 된 사실은, 알람시계도 티슈도 형광등에 흐르는 전기도 모두 소리를 내고 있다는 사실이었다.

1990년대 틴틴파이브라는 그룹으로 활동하며 최고의 개그맨으로 사랑받았던 이동우 씨는, '망막색소변성증'이라는 희귀병으로 5%를 제외한 시력을 잃었다. 그는 눈이 나빠진 후에야 비로소 알게 된 사실이 있다고 했다. 나뭇잎, 자동차, 코끼리, 새 등 세상 모든 것들이 소리를 낸다는 사실이었다. 그리고 사람들 역시 다양한 소리를 낸다고 했다.

정말 그랬다. 지금까지는 무심코 흘려들었을지 몰라도, 사람들은 저마다 독특한 소리를 갖고 있다. 소리는 타고난 것이기도 하지만, 소리를 운영하는 마음가짐에 따라 고유한 울림을 갖는다.

마치 악기와 같다. 악기 중에는 피아노도 있고 선율이 섬세한 하프도 있다. 그리고 저음이 매력적인 튜바와 같은 악기도 있다. 같은 피아노라도 사람에 따라 '학교종이 땡땡땡'을 치기도 하고, '쇼팽의 야상곡'을 연주하기도 한다. 저마다 다른 소리의 악기를 갖고 있고, 같은 악기라도 다루는 사람의 실력에 따라 달라지는 것이 꼭 사람이 내는 소리를 닮았다.

개그맨 노홍철은 팔딱팔딱 뛰는, 동적動的인 소리를 내는 대표적인 케이스다. 커다랗게 입을 벌리고 마구 웃음을 터뜨린다. '짜잔~' 하고 나타나 정신을 쏙 빼놓으며 온몸으로 인사를 한다. "안~녕하세요, 안~녕하세요!"

그의 목소리는 바다에서 갓 잡아올린 싱싱한 물고기 같다. 항상 솔이나 라 정도의 높은 음을 유지하면서도 말을 쉬지 않고 속사포처럼 쏘아댄다. 말끝은 한 옥타브 높게 끌어올리고, 요란스러운 말투에 걸맞게 수화를 하듯 다양하고 큼직큼직한 손짓발짓이 뒤따른다. 표정은 언제나 말하는 내용보다 조금 더 오버스럽다. 슬픈 이야기를 할 때는 눈물이 뚝뚝 떨어질 만큼 슬프게, 즐거운 이야기를 할 때는 신이 나서 지구 밖으로 튀어나갈 것처럼 말하는 게 그의 특징이다.

그를 보고 있으면 희로애락喜怒哀樂을 고스란히 소리로 표현할 줄 안다는 생각이 든다. 동적인 소리를 내는 사람은 엔돌핀 같은 존재다. 밝고, 유쾌하고, 경쾌한.

국민 MC 강호동은 힘이 넘치는 소리를 가졌다. 성량이 1단계부터 10단계까지 있다면 보통 사람들은 4~7단계 정도에 해당될 것이다. 그에 비해 그의 목소리는 가장 작고 힘이 없을 때도 '7단계' 정도는 된다. 사람들과 대화할 때 기선 제압부터 하는 걸 보면, 씨름선수 시절의 파이터 기질이 아직 남아 있는 것 같다.

단순히 강호동식 호통과 박명수식 호통을 비교해봐도 그 차이가 느껴진다. 강호동식 호통에는 상대방을 꼼짝 못하게 하는 파워가 있다. 흠칫 놀라며 물러서게 만드는 '괴력'이랄까. 그에 비해 박명수식 호통은 '버럭' 질러대지만 끝이 무른 느낌이라, 여차하면 반격할 여지가 충분하다.

"야! 야! 야~!" "아, 왜!"

강호동의 목소리는 선이 굵고 소리도 큼직하다. 웃음소리도 호탕하다. 나와 직접 부딪힐 일이 없어 다행이지만, 주변에서 이런 소리를 가진 사람을 만나면 기가 눌린다. 파워풀한 소리를 내는 사람들은 대부분 카리스마가 넘쳐흐른다. 씩씩하고, 기운 넘치고, 웅장한.

손석희 아나운서의 목소리는 정적이면서도 절제되어 있다. 낮지만 무게감이 넘치는 목소리다. 상대가 누구건, 허튼 소리를 하면 가차없이 몰아붙이는 손석희 아나운서의 화법은 익히 알려져 있다. 그래서 그에게서는 범접할 수 없는 아우라가 느껴진다. 우러러보게 되면서도 섣불리 다가가기는 힘든.

김주하 앵커가 쓴 《안녕하세요, 김주하입니다》를 보면, "나를 키운 8할은 '손석희'라는 악몽"이었다는 대목이 나온다. 손석희 아나운서는 강심장으로 소문난 김주하 앵커를 눈물이 쏙 빠질 만큼 엄격하게 훈련시켰다고 한다. 그는 어떠한 돌발 상황에서도 빈틈없이 뉴스를 전할 수 있도록, 철저하게 준비하고 또 준비하는 것으로 유명하다. 준비된 자신감 덕분인지 손석희 아나운서의 소리에서는 날카롭지만 절세된 '무사의 검'이 연상된다. 에리하고 딤백하며 차분한 얼정이 묻어나는 소리다.

이금희 아나운서의 소리에서는 큰언니 같은 부드러움이 느껴진다. 몸과 마음이 지칠 때 찾아가면 토닥토닥 등을 두드리며 위로해줄 것 같은 다정함이야말로 그녀 특유의 매력이다.

20대 중반에 방송국에서 아르바이트를 한 적이 있다. 아침 프로그램이었는데, 중소기업을 살리자는 취지에서 중소기업의 제품들을 시청자에게 소개하는 일이었다. 내가 맡은 역할은 제품의 특성을 하나하나 설명하는 리포터 비슷한 거였는데, 태어나서 처음 해보는 일인데다 생방송이어서인지 엄청난 긴장감이 몰려왔다.

광고가 끝나자 방송을 알리는 불이 켜지고 드디어 내 차례가 돌아왔다. 태어나서 그토록 민망하고 처절하게 떨었던 적이 있었을까 싶다. 앞에 놓인 물건이 밥솥인지 청소기인지도 구분 못할 정도로 머릿속이 하얗게 되어버렸다. 원래 설명해야 하는 내용의 반도 말하지 못하고 멍하니 굳어 있는데, 이금희 아나운서가 아무 일 없다는 듯 자연스럽게 제품을 소개하기 시작했다. 그녀는 진정한 프로였다. 방송이 끝나고 너무 얼어서 눈물도 안 나오는 내게, 그녀가 따뜻한 한마디를 건넸다.

"많이 놀랐죠? 잘 끝났어요. 이제 괜찮아요."

실의에 빠져 있던 내게 그녀의 목소리는 마치 눈물을 닦아주는 부드러운 손수건처럼 포근했다. 칠순이 넘으신 우리 어머니는 세상이 두 쪽 나더라도 이금희 아나운서가 진행하는 '아침마당'은 보셔야 한다. 울기도 하고 웃기도 하고, 박장대소하며 박수를 칠 정도로 아주 푹 빠져서 보신다.

그녀는 큰언니 같은 친근함과 맏딸 같은 든든함 덕분에, 누구와도

대체할 수 없는 독보적인 MC다. 재색을 겸비한 인재가 몰려 있는 아나운서계에서 확고한 위치를 차지하고 있는 것도 아마 그 때문일 것이다.

그녀의 소리는 높낮이의 폭이 크지 않다. 그래서 자극적이지 않고, 표정이나 제스처도 요란하지 않다. 화려한 소리는 아니지만, 그녀의 소리에는 사람의 마음을 말랑말랑하게 만들어 무장해제시키는 힘이 있다. 특유의 친근함과 부드러운 힘. 그녀처럼 따사로운 소리를 가진 사람들은 언제나 포근함과 편안함을 선사한다. 그리고 상대를 착한 양으로 만든다.

세상 사람 누구나 여러 소리를 내며 살아갈 것이다. 따뜻한 소리, 차가운 소리, 드센 소리, 부드러운 소리, 맑은 소리, 탁한 소리, 우는 소리, 웃는 소리, 둔한 소리, 칼칼한 소리….

소리는 저마다 나름의 온도를 갖고 있다. 따뜻하거나 차갑거나 미적지근한. 또한 소리는 기氣를 갖고 있다. 맑거나 탁하거나 드센 기운. 자신만의 독특한 소리가 사람을 모이게도 하고 떠나보내게도 한다. 그리고 자신을 흥하게도 하고 망하게도 한다.

관상학에는 사람을 판단하는 다양한 방법이 있다. 얼굴의 생김을 보는 면상面相, 온 몸을 보는 체상體相, 손과 손금을 보는 수상手相, 걸음걸이를 보는 보상步相, 말하는 모양새를 보는 언상言相, 목소리를 듣는 성상聲相까지.

당신이 내고 있는 소리에도 당신의 운명이 달려 있다. 나지막이 귀를 기울여보라. 당신은 지금 어떤 소리를 내고 있는지.

말에도 격이 있다

 사람에, 물건에 격이 있듯이 말에도 격이 있다. '입 구口'라는 글자
가 모이면 '물건 품品'이 된다. 입에서 나오는 말의 품질에 따라 당신
의 격格이 달라진다. 그것이 바로 '품격品格'이다.

 너나없이 가난하던 시절, 지혜로운 우리 어머니들은 쌀이 부족해
무나 감자를 반반씩 섞어 지은 밥에 간장 한 종지, 김치 하나를 놓더
라도 더없이 정갈한 밥상을 차려냈다. 반찬의 가짓수가 정갈함을 결
정하진 않는다. 정갈함은 많고 적음의 문제가 아니라, 귀하고 천함의
문제인 것이다.
 어떤 이들은 돈이 없어서 입고 있는 옷이 변변찮다고 말하고, 사는
게 고달파서 말이 거칠다는 핑계를 댄다. 그러나 엄밀히 말하면 돈이
없어도 깨끗한 옷을 입을 수 있고, 사는 게 힘들어도 말은 품격 있게

할 수 있다. 다시 말해, 품격은 빈부의 차가 아닌 '귀천'의 문제다.

　오래전부터 학자들은 인간발달을 결정짓는 요인으로, '유전론'과 '환경론'을 놓고 논쟁을 벌여왔다. 유전론은 부모로부터 물려받은 유전자에 의해 콩인지 팥인지가 결정된다는 것이고, 환경론은 타고난 콩과 팥도 환경에 따라 더 우월해지거나 열등해질 수 있다는 얘기다. 나 역시 유전론과 환경론 중 어느 쪽이 더 우세하다고 단정할 수는 없을 것 같다.

　'개천에서 용 났다'는 말이 있다. 지지리도 없는 집, 뭐 하나 내세울 것 없는 집에서 큰 인물 하나 나왔을 때 쓰는 표현이다.

　나는 이 말을 들을 적마다 그렇지 않노라고, 반기를 들고 싶다. 절대 맨땅에 헤딩해서 용이 나는 일은 없다. 우리가 모르는 그 개천에는 유전론적이든 환경론적이든, 분명 뿌리가 되는 부모가 존재한다. 돈이 없어 굶는 한이 있어도 거짓말이나 사소한 도둑질을 경계하고, 자신은 논을 갈고 밭을 매며 고단하게 살지언정 자식이 공부하는 방 앞을 지날 때는 발걸음조차 조심스러웠을 부모. 자신은 박복해서 가난하게 살지언정, 언행만큼은 기품이 넘치는 부모가 버티고 있었을 것이다.

　자식을 아끼는 지극한 마음과 스스로 모범이 되고자 했던 언행이 자식들에게 둘도 없는 양질의 교육이 되었다. 흔히 말하는 '개천의 용'은 탈탈 털어봤자 아무것도 없는 척박한 환경에서 나온 것이 아니었다. 그 싹은 이미 부모에게 있었다. 돈도 없고 가문도 시원찮으니

개천이라고 평가절하해버리는 우리의 속물적인 편견일 뿐이지, 용이 태어난 곳은 결코 악취가 나는 더러운 개천이 아니다.

평범한 가정주부로 살다 나이 마흔이 되어서야 늦깎이 작가로 등단한 박완서. 그녀의 어머니는 남편을 잃고도 오로지 자식교육을 위해 아들과 딸을 데리고 서울로 상경했다. 독립문 부근 현저동 달동네에서도 세 들어 살 만큼 가난했지만, 자식만큼은 제대로 가르쳐야 된다는 생각에 삯바느질을 해 서울대에 진학시킬 정도로 보기 드문 열혈 어머니였다.

게다가 시집올 때는 삼국지를 직접 필사해서 갖고 올 정도로 책을 열심히 읽으셨다고 한다. 아이들을 키울 때도 삼국지 등 역사 이야기를 맛깔나게 들려주실 만큼 해박하셨다고 하니, 박완서라는 이 시대 최고의 작가는 훌륭한 어머니라는 유전적, 환경적 텃밭 속에서 자연스레 거목으로 성장한 셈이다.

반대로 자식을 보면 그 부모가 보일 때도 있다. 초등학교 선생님인 지인은 학교행사 등에 참석한 학부모들을 볼 때마다, 좋고 나쁨을 떠나 '그럼 그렇지'라는 생각이 절로 든다고 했다. 좋은 부모 밑에 나쁜 아이 없고, 나쁜 부모 밑에 좋은 아이 나기 어렵다는 것이다.

세상에 갑작스럽게 태어난 돌연변이는 없다. 대대손손 거슬러 올라가보면 반드시 돌연변이의 기운을 물려준 조상이 하나쯤은 숨어 있을 것이다. 부모의 '격'은 반드시 자식에게 대물림된다. 그래서 품격은 더욱 중요하다. 나 하나로 끝나는 문제가 아니니까.

　우리 가족은 주말에 버라이어티 프로그램을 즐겨보는 편이다. 생각 없이 깔깔거리며 웃다 보면 스트레스도 풀리고, 1주일 동안 고민했던 것들도 잠시 잊을 수 있기 때문이다.

　그런데 아이가 요새 출연자들의 말을 흉내 내는 걸 보고 생각이 달라졌다. 어른이야 해도 되는 말과 해서는 안 될 말을 알지만, 아이는 다르다. 저급한 표현들을 무조건 따라 하는 것이 유행에 민감하다고 여긴다. 심지어 그런 말을 쓰는 자신을 은근히 우쭐해한다. 요즘 아이들은 부모나 주변 사람뿐 아니라, 다양한 매체의 영향을 받는다. 이대로는 곤란하다. 자극적이고 질 낮은 캐릭터에 열광하다 보면, 품격은 한순간에 무너지기 십상이다.

　품격이 없다는 것은 그 사람에게서 기품이, 향기가 느껴지지 않는다는 뜻이다. 분명 돈이 없어도 기품 있어 보이는 사람이 있고, 돈이 있어도 기품이 없어 보이는 사람이 있다. 억울하게도 그 비싸다는 명품들로 도배를 해도 뭔가 허접한 기운이 감도는 사람이 있는가 하면, 산지産地(?)를 알 수 없는 물건들로 휘감아도 귀티가 흐르는 사람이 있다. 도대체 무엇이 다른 걸까?

　원인 중 하나는 속된 말로 '싼티'가 난다는 거다. 여자들은 가방이나 옷을 산 후, 비싸 보인다는 말을 들을 때 일종의 희열이나 우월감을 느낀다. 액면가는 비싸 보이지만, 실은 자기만의 타고난 감각으로 좋은 물건을 저렴하게 건졌다는 감정이다. 일종의 승리감 같은.

그래서 '이거 얼마짜리 같아?'라는 질문에 가격을 제대로 맞히는 친구는 아주 얄밉다. 물론 더 얄미운 친구는 내가 산 가격보다 더 낮게 말하는 경우다. 그래서 센스 있는 친구들은 설령 5만 원짜리로 보여도 8만 원쯤으로 답해주는 예의를 차릴 줄 안다.

싼티 나는 물건들의 특징은 하나같이 조악하면서도 원색적인 느낌이 난다는 것이다. 품격 없는 언행 또한 마찬가지다. 일단 표현이 거칠다. 자극적이고 말초적인 기운이 강하며, 말을 하는 데 거침이 없다. 재미있고 발랄하고 톡톡 튀는 말솜씨가 귀에 쏙쏙 들어오긴 하지만, 깊이가 없기에 그걸로 끝이다.

아마 이성에게 싼티 난다는 말을 듣는 것처럼 큰 상처도 없을 것이다. 마구 들이대고, 쉬워 보이고, 아무렇게나 대해도 될 것 같다는 뉘앙스니까.

이런 사람은 술친구로 편하게 만나기에는 적합할지 몰라도, 진지하게 인생을 논하기에는 함량 미달이다. 함께 중요한 일을 도모하기에도 리스크가 커 보인다.

좋은 자리에 함께하고픈 사람을 고를 때 그린 친구를 먼저 띠올리기는 어렵다. 기껏 기회를 준다 해도 가벼운 언행 때문에, 소개해준 사람까지 싸잡아서 같은 급으로 취급당할 수 있으니까. 상대의 언행이야말로 그를 어느 정도 대접하면 되는지를 판단하는 '결정적인' 척도다.

이와 비슷한 듯 다른 말로 '빈티'가 있다. 싼티와 빈티는 얼추 비슷한 말 같지만 차이가 크다. 빈티는 말 그대로 귀티의 반대편에 있는 개념이다. 뭔가 없어 보이고, 초라하며, 말에 자신감이 실리지 않은 게 빈티다. 빈티는 말하는 이의 분위기에서 감지된다. 쭈뼛쭈뼛하며 속으로 잦아드는 목소리, 슬금슬금 곁눈질하는 눈초리, 움츠린 어깨, 어쩔 줄 몰라 하는 움직임에서 초라한 기운이 느껴진다. 게다가 항상 꿔다 놓은 보리자루처럼 불편해 보인다. 어서 이 상황을 벗어나고 싶어 하는 분위기를 온몸으로 풍기고 있으니 당당해 보일 리 없다. 이들은 자신의 견해를 소신 있게 밝히기보다, 애매모호한 표현으로 일관한다.

이런 사람들은 간절한 도움이 필요해도, 누구 하나 흔쾌히 나서지 않는다. 자신감이 없는 사람은 누구도 설득하지 못한다. 자신의 의견을 100% 확신해야 남도 설득할 수 있을 테니 말이다. 모든 게 본인이 자초한 일이다.

품격이 밥 먹여주냐고? 물론 품격이 조금 떨어져도 큰 문제가 되지는 않는다. 대부분의 사람들이 평소에는 사회적 매너와 테크닉으로 자신의 품격을 잘 유지하며 산다. 그러나 극한의 상황에 몰렸을 때는 타고난 품격이 고스란히 드러난다. 2011년 3월 대지진과 쓰나미라는 참사를 겪으면서도 일사불란하게 질서를 지키고, 서로를 배려하며 슬픔을 견뎌낸 일본인들에게 세계의 찬사가 쏟아졌다. 그들

덕분에 일본의 국격이 올라갔다는 말이 나올 정도였다.

국가적인 재난 앞에서도 절제된 언행을 보여준 일본인들의 '격'은 하루이틀 사이에 생겨난 것이 아니다. 타인에게 폐를 끼쳐서는 안 된다는 문화가 조상 대대로 전해져 내려왔기에 가능했던 것이다.

슬픔에 빠진 일본 국민들에게 뜨거운 위로를 보내며 고난의 아픔을 나눈 우리 국민들에게서도 가슴이 울컥할 정도의 감동이 느껴졌다. 일본과 더불어 우리의 '격'을 확인하게 된 사건이었다.

주역에 '방이유취 물이군분 길흉생의方以類聚 物以群分 吉凶生矣'라는 말이 있다. 삼라만상은 그 성질이 비슷한 것끼리 모이고, 만물은 무리를 지어 살며, 그곳에서 길흉이 생긴다는 뜻이다. 즉 유유상종이요, 그 밥에 그 나물이란 얘기다.

가장 친한 친구 5명을 보면 그 사람을 알 수 있다고 했다. 자기 자신이 어떠한 사람인지 궁금하다면, 가장 가까운 친구 5명을 보면 된다. 그들은 곧 나의 격을 알려주는 안내판이다. 품격 있는 사람과 만나고 싶다면, 나 또한 품격 있는 사람이 되어야 하는 이유다.

달변과 다변 사이

굴이 들으려 하지 않아도 잘 들리는 말이 있고, 열심히 들으려 해도 자꾸 딴생각이 나는 말이 있다. 누구나 자신의 생각을 효과적으로 정리해 다른 사람의 머릿속에 '탁' 꽂히도록 말하고 싶을 것이다.

하지만 그게 말처럼 쉽다면 얼마나 좋을까? 자칭 말을 잘한다고 하는 이들도 자세히 들여다보면, 대략 두 가지 타입으로 나뉜다. 바로 달변가와 다변가다.

어떤 자리에서든 유쾌하게 말을 잘하는 사람을 달변가라고 생각하기 쉬운데, 달변과 다변에는 분명 차이가 있다. 달변가는 말을 효과적으로 하는 사람이지만, 다변가는 말을 많이 하는 사람이다. 달변은 말의 '질'과 관계가 있고 다변은 말의 '양'과 관계가 있다.

달변가는 자신과 같은 색깔의 렌즈로 세상을 보게 만든다. 얼마 전

TV를 틀어놓고 인터넷으로 원고에 쓸 자료를 찾고 있었다. TV에는 어떤 의사가 나와 폐 건강과 흡연에 대한 이야기를 하고 있었는데, 관심이 없던 터라 일에 집중하고 있었다.

그런데 어느덧 멍하니 TV를 보고 있는 나를 발견했다. 그 전문가는 흡연이 폐에 얼마나 나쁜지, 당장 금연하지 않으면 앞으로 어떤 상황에 처하게 될지, 적당한 긴장감과 유머러스함으로 출연진을 들었다 놨다 하는, 기막힌 말솜씨의 소유자였다. 출연진이 더 이상 담배를 피우면 안 되겠다는 다짐을 하기까지는 그리 오래 걸리지 않았다. 정말 감탄이 절로 나올 정도로 최고의 달변이었다. 마침 나온 자막을 보고 인터넷으로 그분에 대해 검색을 해보았다. 국립암센터 이진수 원장님이었다. 국내 최고의 폐 전문가로 이미 널리 알려진 분이다.

달변가의 힘

달변가는 핵심을 꿰고 움직인다. 자신이 전하고자 하는 메시지를 논리적으로 전개할 줄 안다. 최종적으로 어떤 메시지를 남길 것인지, 뚜렷한 목표를 갖고 이야기를 이끌어간다.

이들은 이야기를 시작하기 전에 먼저 지도를 그린다. 예를 들어 서울에서 부산 해운대를 가겠다고 하면, 가장 먼저 여행의 목적을 정한다. 비즈니스인가, 여행인가. 여행 목적에 따라 빨리 가는 게 좋을 수도 있지만, 가는 길에 어디에 들를지가 더 중요할 수도 있다. 다음으로는 자동차, 비행기, KTX, 버스 등 교통편을 선택한다. 그리고 목적지에 도착해 무엇을 할 것인지 등, 세부적인 사항을 결정한다.

이처럼 말에도 지도가 있다. 최종 목적을 확실히 정한 후에 그곳까지 어떻게 갈지 결정한 다음, 순서대로 하나씩 풀어내면 된다. 처음부터 부산을 보고 달리니 다른 곳으로 새지 않고 매우 효율적으로 핵심에 도착할 수 있다.

달변가의 말은 대단히 유려하다. 말과 말이 매끄럽게 이어지며 뚝뚝 끊기는 부분이 없다. 마치 잘 만든 영화나 드라마처럼. 잘 만든 영화나 드라마에서는 장면과 장면의 연결이 매끄러워 보는 사람들이 극의 흐름을 이해하기 쉽다.

예를 들면 A라는 남자와 B라는 여자가 카페에서 한참 이야기를 나누다 갑자기 C를 언급한다.

"요즘 C가 잘 안 보인다. 걔는 요즘 뭐하느라 얼굴도 안 보여주는 거야?"라는 대사가 나오면, 그다음 장면에 C가 나오며 앞 장면과 연결된다. 자연스럽게 다음 장면을 예고하며 배턴을 넘기는 것이다. 그래야 전체적인 흐름이 물 흐르듯 막힘 없이 이어진다.

말을 귀에 쏙쏙 들어오게 하는 것도 삼천포로 빠지지 않고 핵심을 알기 쉽게 전달하는 능력이다.

"왜 흡연이 폐에 나쁘냐 하면, 담배의 유해성분이 폐에 쌓이기 때문이죠. 얼마나 오랫동안 담배를 피웠는지에 따라 폐에 쌓인 유해성분의 흔적이 달라집니다. 굴뚝도 하루 불을 피운 굴뚝과 1년 내내 불을 피운 굴뚝은 그을음이 다르잖아요. 그러니까 곧 끊겠다고 약속만 하시고 금연을 못하셨다면, 하루라도 빨리 끊으세요. 그을음이 심하면 심할수록 암에 걸릴 확률도 높아지니까요.”

이런 식이다. 얼마나 쉽고 심플한가. 유독 말을 어렵게 하는 사람들이 있다. 영어를 많이 섞어서 이야기한다든지, 전문용어를 잔뜩 쓴다든지 해서 말을 쓸데없이 어렵게 하는 이들이다. 이런 사람들은 마치 잘난 척하기 위해 대화를 하는 것처럼 보인다. 외국에 오래 살아서 우리말보다 영어에 익숙한 경우는 물론 제외이지만.

과거에는 특정 집단의 우월성과 전문성을 강조하기 위해 일부러 어려운 단어나 말을 쓰곤 했다.

그러나 요즘은 전문가일수록, 그 분야 최고의 실력자일수록, 초등학생도 알아들을 수 있을 만큼 쉽게 이야기한다. 어려운 것을 어렵게 말하는 것은 누구나 할 수 있지만, 어려운 것을 쉽게 풀어 말하는 건 어느 경지에 올라 전체를 꿰고 있는 사람만이 가능하다. 아직도 어렵고 복잡하게 말하는 사람이 있다면, 그는 아직 최고의 경지에 오르지 못한 것이다.

오래선 이런 광고 카피가 있었다.

“복잡한 것이 첨단은 아닙니다.” 백번 옳은 말이다.

달변가는 뭐가 됐든 사람들의 관심사를 훤히 꿰고 있다. 많은 사람들이 건강이나 재테크 등 관심을 자극하는 정보를 들으면, 귀를 쫑긋하며 민감하게 반응한다. 달변가는 이러한 이들의 심리를 잘 알고 있다. 상대방의 관심사와 수준에 따라 어떤 이야기를 얼마나 해야 하는지, 적절하게 배치하는 능력이 있다. 너무 과도한 정보는 오히려 소화하지 못하고 다 뱉어낼 수 있기에, 수준에 맞는 적절한 정보를 전달한다. 아이를 키우는 부모라면 교육과 관련된 이야기를, 재테크에 관심이 많은 사람이라면 부동산이나 주식에 대한 이야기를 한다. 말을 잘 못하는 사람들일수록, 그리고 어린아이들일수록 자신의 관심사만을 늘어놓는다. 대화의 기준을 자신에게 두는 것이다.

우리 아들녀석은 항상 자동차나 레고 얘기를 한다. 엄마의 관심사 따위는 안중에 없다. 자신이 재밌으니까 으레 남들도 재밌을 거라 생각해버리는 것이다.

'헤헤, 아들 미안~'

다변가의 힘

그렇다면 다변가는 어떨까? 다변가는 세상에 대한 호기심으로 가득한 사람이다. 카페 한쪽 구석에서 10여 명의 엄마들이 모여 이야기 보따리를 풀어놓는다.

처음엔 연예인 이야기, 유명인 누구누구 이야기 등, 서로 알고 지내는 사람들에 대한 이야기를 시작한다. 거의 증권사 찌라시를 넘어서는 '카더라 통신' 수준이다. 웬만한 업계 정보는 손바닥 안에 들어와 있는 듯, 자신들이 주고받는 소식에 대한 신뢰도가 대단하다. 아니 땐 굴뚝에 연기 나겠느냐며 95% 정도의 강력한 믿음을 드러낸다.

점차 시간이 흐르면 삼삼오오 화제가 달라진다. 연예인 이야기로 전문적인 수다를 떠는 무리도 있고, 모임에 참석하지 않은 다른 엄마 걱정을 집중적으로 해주기도 한다. ○○ 엄마네 남편이 요새 힘들다더라, 그 집 애가 요즘 PC방에 빠져 있다던데 큰일이네 등등.

또 다른 무리는 어디 물건이 싸고 좋다든지, 어느 학원이 잘 가르친다든지 하는 정보성 대화를 나눈다. 끊임없는 화제 전환과 무리간의 이합집산이 반복되며 유대감과 친밀감은 굳건해져 간다. 그러다 이 집 커피 맛은 어떻고 다른 데보다 얼마가 더 비싸다는 등, 현실적인 이야기로 돌아오며 모임을 마무리 짓는다. 이야깃거리가 소강상태에 들어서면서 다음을 기약하는 것이다.

얼핏 들으면 그리 중요하지 않은 이야기 같지만, 덕분에 그녀들은 건강하다. 수다에 강한 사람들은 대개 다변가다. 대부분의 다변가들은 자신이 말을 잘한다고 생각한다. 자기는 같은 이야기도 재밌게 할 뿐더러, 관심사도 많아서 이야깃거리가 끊이지 않는다는 것이다.

그러나 언더그라운드에서 말재주로 이름을 날리던 사람들도 공식석상에만 서면 횡설수설할 때가 많다. 다변가는 심리적으로 가까운 이들과 편안하고 자유스러운 환경에 있을 때 한층 실력을 발휘한다.

다변가는 또한 유독 순발력이 좋다. 다변가의 생명은 탄탄한 논리력보다 치고 빠지는 순발력이다. 이야기 도중 다른 무리에 끼었다 다시 들어와도 별 문제가 되지 않는다. 이미 화제는 또 다른 국면으로 치닫고 있기에, 달라진 화제에 매끄럽게 끼어들기만 하면 된다.

"어머, 진짜? 웬일이야~!"라고 호들갑스럽게 수다에 기름을 붓거나, 흘러가는 대화에 어울리는 소재를 신속하게 제공하는 식이다.

"정말? 정말? 나도 들었어. 둘이 지하주차장에서 만나는 거 봤다고 하던데."

순발력은 준비한다고 해서 되는 게 아니다. 돌아가는 판을 잘 읽고 내가 아는 정보들 중에서 최적의 것을 재빨리 끼워넣는 게 중요하다.

다양한 스토리와 빠른 화제 전환도 다변가의 특징이다.

"전에 차 산다고 그랬잖아. 뭐 샀어?"

"아직 못 샀어. 곧 있으면 해가 바뀌잖아. 지금 사면 손해 보는 것 같아서 해 바뀌면 살까 봐."

"그래, 그게 좋겠다. 근데 자기는 요즘도 주식 해?

차에서 주식으로 순식간에 화제가 전환된다. 따라서 다양한 스토리가 돌고 돈다. 어떤 이야기든 꼭 결론을 낼 필요는 없다. 하다 보면 아까 그 얘기가 다시 나오기도 하고, 하고 있던 얘기가 모티브가 되어 다른 이야기가 나오기도 하고, 전혀 새로운 얘기가 나와서 아주 딴 동네로 가버릴 수도 있다. 서울 찍고 대전 찍고 부산이 아니다. 서울 찍고 뉴욕 찍고 아프리카다.

다변가는 말과 제스처가 큰 데다, 기본적으로 따라붙는 부사어나 수식어들이 다양하다.

"완전 멋있어." "너~무 맛있더라." "진짜? 대박인데~!"

여기에 과장된 표정과 제스처까지 곁들이면 제격이다. 눈은 3mm

정도 더 크게 뜨고, 콧구멍은 100원짜리가 들어갈 정도로 커지고, 입은 딱 10초 정도만 더 벌리면 된다. 당연한 이야기지만 손발이 놀면 자격상실이다. 손은 박수 치라고 있는 거고, 발은 적절한 간격으로 굴러줘야 존재 이유가 있다.

혹시 다변가들의 수다가 시간에 비해 건진 게 없다고 생각되는가? 그런 건 중요치 않다. 학술대회나 워크숍에 온 게 아니니까. 수다는 가볍고 유쾌해야 한다. 원래 그런 거다.

달변가는 누구보다 논리적이다. 논리에는 상대를 설득하는 힘이 있다. 설득은 나와 다른 의견을 가진 사람을 내 의견에 동의하게 만드는 것이다. 달변가는 나와 같은 시각으로 상황을 바라보게 하는 힘을 가졌다.

반면 다변가는 수다스럽다. 수다는 '소통'에 즐거움을 가져다주는 것 중 하나다. 특정 목적을 갖고 나누는 대화가 아니다 보니 마음이 편하다. 그래서인지 상대를 자연스럽게 내 편으로 만들 수 있다.

굳이 비교하자면, 달변가와 다변가는 종목은 같으나 다른 무대에서 뛰는 선수다. 달변가가 국가대표 축구선수라면, 다변가는 동네 조기 축구회 선수라고나 할까. 요구되는 자질만 다를 뿐, 다 똑같은 축구선수다.

상황에 따라 달변과 다변, 양쪽을 적절하게 오가는 능력이 있으면 얼마나 좋을까 하는 생각을 해본다.

형식을 파괴하고 수다를 떨 자리인지, 형식을 갖춰 자신의 의견을 피력할 자리인지에 따라, 발휘해야 할 능력이 달라진다. 긴장감을 갖고 누군가를 설득해야 할 때는 달변가로, 긴장을 풀고 가까운 사람들과 사는 이야기를 나눌 때는 다변가로 변신할 수 있었으면 좋겠다.

아들이랑 카페에 앉아 5시간째 원고를 쓰고 있다.

창가에 앉아서 코코아와 커피를 마시며 각자 노트북으로 글을 쓰는 게 우리 모자가 휴일을 즐기는 방법이다. 완전 그림 좋다~.

그사이 10여 명의 엄마들이 가고 또 다른 팀 3명이 옆 테이블에 앉아 수다를 떨기 시작한다.

누구네 집 안타까운 사연을 걱정하는 모양이다. 그중 1명이 말했다.

"어우, 안 돼! 스트레스 받으면 안 돼. 우리처럼 풀고 살아야 돼."

나머지 둘이 합창을 한다. "맞아, 맞아!"

안녕하모니카!

뒤늦게 남편을 만나 안 사실이지만, 남편은 자신이 다니던 학교와는 제법 거리가 있는데도 불구하고, 이화여대 후문 근처에서 하숙을 하고 신촌에서 주로 놀았다고 한다.

나 또한 20대 내내 신촌과 홍대 근처가 주된 놀이터였다. 같은 시절, 같은 곳이 활동 무대였다는 사실이 반갑기도 하고 왠지 찜찜하기도 하다. 왜 찜찜하냐고? 피차 길게 따져 좋을 일 없다. 패스!

어쨌든 재미있는 일이다. 같은 거리, 같은 카페, 같은 영화관을 알고 있는 우리는, 어쩌면 몇 번은 마주쳤을지도 모른다. 물론 나의 머릿속에 그 시절 남편에 대한 기억은 없다. 같은 공간에서 남남으로 지나쳤을 그가 기억날 리 없다. 그래서 가끔 엉뚱한 상상을 한다.

마치 영화처럼, 그 시절로 돌아가 미래의 반쪽을 마주칠 뻔했던 아슬아슬한 순간을 찾아보는 상상이다. 물론 아직 때가 되지 않았으니 아는 척을 할 수는 없겠지만, 그저 보기만 해도 재미있을 것 같다.

그 시절 남편은 미대에 다니는 여자친구가 있었던 걸로 안다. 혹시라도 그녀와 마주치게 되면 내 튼튼한 다리로 걸어 넘어뜨려버릴 거다. 완전 살벌하게! 와, 생각만 해도 신난다.

기적같은 인연, 마크툽

지구 상의 인구는 대략 70억 명이라고 한다. 우리나라는 5,000만 명쯤 되고. 그러니까 내 옆에 있는 사람은, 그 많은 사람들 중에서 1차로는 70억 명을 제치고, 2차로는 5,000만 명을 제치고 나와 함께하는 인연이다.

이 얼마나 기적 같은 만남인가. 지금 나와 함께 일하는 동료도, 술잔을 기울이는 친구도, 기적 같은 확률을 뚫고 내 곁에 있는 사람들이다. 돌고 돌다 드디어 때가 되어 내 앞에 나타난 사람들.

파울로 코엘료가 쓴 소설 《연금술사》를 보면, 크리스털 가게 주인이 양치기 청년 산티아고에게 '마크툽'이라는 주문을 가르쳐주는 대목이 나온다.

'마크툽'은 아랍어로 '신의 뜻대로 이미 예정되어 있다'는 뜻이다. 그렇게 해석하자면, 지금 내 곁에 있는 이들은 내가 태어나기 전부터 이미 나와 만나기로 정해진 사람들이다. 내가 알지 못하던 그 옛날에 예정되었던 대로, 잊지 않고 따지지 않고 내게로 와준 소중한 사람들이다.

그 소중한 인연을 처음 만났을 때 건네는 말이 있다.

"안녕하세요?"

우리는 이 다섯 음절의 인사로 만남의 시작을 알린다. 그리고 매번 다시 만날 때마다 '안녕'이라는 말로 다시 시작을 알린다. 우리가 태어나 살아갈 날이 평균 80년이라 가정했을 때, 1년이 365일이니까 2만 9,200일을 산다. 난 얼추 반을 살았으니 1만 4,600일이 남았다. 그 귀한 날들 중 하루인 오늘, 70억 명을 제치고 지금 내가 당신 옆에 있음을 알리는 것이다.

"안녕!"이라고. 그러니 이 얼마나 소중한 말인가.

"안녕하세요."

어린 시절 나는 인사를 잘하는 아이였다. 꼭 인사를 잘해야 한다는 아버지의 가르침 덕분이었다. 아버지는 한전에 다니셨다: 요즘이야 전기요금은 지로로 납부하거나 자동이체를 하면 되지만, 예전에는 사람이 일일이 전기요금을 걷으러 다녔다.

아버지는 우리 면의 전기요금을 걷는 일을 하셨다. 그 때문에 우리 면에 사는 사람이라면 모두가 아는, 나름 유명인사셨다. 게다가 사람도 좋고 인상도 좋던 아버지는 인기도 많았다. 난 어딜 가도 '치운이 딸'로 통했고, 아버지 딸이라는 이유 하나로 만사 오케이였다. 대신 유명인사의 딸은 어디를 가나 인사를 잘해야 했다. 모르는 아저씨를 만나도 일단 인사부터 해야 했다.

나 : "안녕하세요."

아저씨 : "어? 누구여."

나 : "우치운 씨 큰딸이요."

아저씨 : "어! 그래~ 치운이 딸이구나, 착하다."

아버지는 말수가 극도로 적으셨다. 믿을 수 없겠지만 딸 셋의 이름을 부르실 때마다 헷갈려하셨다.

"진미야."

"아빠, 저 영미예요."

그렇게 말수가 적던 아버지가 우리에게 가장 많이 하셨던 말씀이 "어른들 만나면 인사 잘해라."였다. 그 덕분에 난 인사는 잘했다. 아버지 딸이니까.

나이가 들어 사회생활을 하면서 아버지가 왜 그토록 인사를 잘하라고 말씀하셨는지 알게 되었다. 특히 강의를 하러 기업에 가면 절실하게 느낀다. 상사들이 부하직원에게 가장 큰 불만을 갖고 있는 것 중 하나가 인사다. 윗분들은 기본 중에서도 기본이라, 말하기도 민망하다고 했다.

"요즘 친구들은 인사를 안 해요. 자기 부서 아니면 인사도 안 한다니까요."

부하직원들이 상사들에게 갖고 있는 불만 중 하나도 인사다.

"인사해도 안 받아줘요."

우리가 잘못 알고 있는 것이 하나 있다. 인사를 누가 먼저 해야 하는가다. 인사는 사람 인人, 일 사事를 쓴다. 말 그대로 사람이 마땅히 할 일이 인사다. 해야 할 일을 하지 않는 것은 직무유기다. 인사는 아랫사람이 먼저 할 일도 아니고 윗사람이 받아 마땅한 것도 아니다. 그냥 먼저 본 사람이 하는 것이 인사다.

그런데 아주 많은 사람들이 인사를 당연하게 여기면서도 망설인다. 이유가 있다. '저 사람이 나를 기억할까?'라는 쓸데없는 염려 때문이다. 괜히 인사해서 "누구신지?"라는 말을 들으면 민망하니까. 그래서 안 하거나 못 본 척 지나친다. 그리고 나중에 인사성이 없다느니 사회성이 떨어진다느니 싸가지가 없다느니 등등 심한 말을 듣는다. 마땅히 인사를 해야 한다.

"안녕하세요."

먼저 인사를 받은 사람은 2배 더 기쁘게 받아줘야 한다.

"오! 안녕하세요."

나를 몰라보면 알려주면 된다.

"저 우영미라고 합니다."

혹시 사람을 잘못 봤으면 또 어떤가.

"어! 제가 착각했네요." 하고 씩 웃으면 그만이다.

초등학교 1학년 첫 국어시간에 이런 말을 배웠을 것이다. 나, 너, 그리고 우리. '나'와 '너'가 만나 '우리'가 되는 데는 단 한마디면 충분하다.

"안녕하세요!"

'우리'라는 말은 참으로 대단한 결속력을 갖고 있다. 우리 엄마, 우리집, 우리 아들, 우리 남편, 우리 회사…. 사실은 너와 나의 공동 소유가 될 수 없는 것들조차 사람들은 '우리'로 묶는다. 그리고 우리의 범주 안으로 들어오면, 그만큼 너와 나의 간격이 좁아진다.

아르바이트를 하면서 알게 된 정훈이라는 남자아이가 있었다. 오래전 일이라 이름이 정확한지는 확실치 않다. 그 아이는 나보다 세 살 어렸는데 나를 곧잘 따랐다. 그 아이가 그랬다. 내가 다른 사람들에게 '우리 정훈이'라고 말한 적이 있었다고. 난 기억도 못하는 그 말이 정훈이는 너무너무 좋았다고 했다. 아무래도 그 아인 날 좋아했던 것 같다. '아님 말고~'

'우리'라는 말은 이렇게 참 따뜻하다. 외롭던 '나'가 우리로 묶이면 정서적 안정감이 느껴진다. 그렇게 나와 너, 우리가 충돌 없이 묶이고, 조화를 이루는 것을 '하모니'라 한다. 오늘도 서로 다른 사람들이 만나서 하모니를 이루기 위해 '안녕'이라는 말로 나의 존재를 알리고 서로의 안녕을 확인한다.

다음은 내가 좋아하는 광고에 나오는 노래다.

안녕하새우, 안녕하쌤, 안녕하슈, 안녕하삼, 안녕하셔, 안녕하모니카, 안녕하새, 안녕하게, 안녕하군, 안녕하자, 모두모두 오래오래 안녕하세요!

마이 스토리

상황이 다르고 사고의 깊이와 방향이 다르면, 똑같은 경험을 해도 전혀 다른 이야기가 탄생한다. 이것이 나만의 스토리가 갖는 매력이 자 나를 차별화하는 포인트다.

2010년 12월 31일, 앓던 이를 뽑았다. '으악~!' 거울을 들여다보니, 푸르딩딩한 둘리 동생처럼 보이는 사람이 떡하니 앉아 있다. 잇몸이 부었는데도 강의 때문에 곧장 치과에 가지 않아 생긴 일이다. 둘리 얼굴은 귀엽기라도 하지, 내 턱선은 순식간에 보기 싫은 짝짝이가 되어버렸다.

이렇게 새해를 맞고 싶진 않았다. 치과에 가서 아직 붓기는 덜 가라앉았지만 충치를 뽑기로 했다. 정말 치과는 가고 싶지 않은 곳 중하나다. 치과에 가서 낯선 의사 앞에 누워 입을 커다랗게 벌리고 있

219

는 것도 민망하고, 톱으로 쇠를 자근자근 썰어대는 것 같은 소리도 공포스럽다. 도대체 뭘 썰고 있는 건지….

겁에 질려 의자에 반쯤 누워 있노라니 엄청난 후회가 몰려왔다. 진 즉 왔어야 했다는 후회와, MP3와 이어폰을 가져왔어야 했다는 때늦 은 후회. 때마침 옆자리 손님의 휴대전화가 울렸다. 그 손님도 치료 를 받느라 전화를 받을 상황이 아니어서 벨소리는 계속 흘러나왔다. 처음 듣는 노래였지만 마음속으로 기도했다. '이 노래가 제발 끝나지 말기를….'

두려움에 떨며 치료를 기다리는 동안 어느 영화 장면이 떠올랐다. 꽤 유명했던 영화인데 제목은 잘 기억이 나지 않는다. 남자 주인공 이 어린아이를 보호하며 총격전을 벌이는 장면이었다. 빗발치는 총알 속에서 참혹하게 죽어가는 사람들을 보는 아이가 충격을 받지 않도 록, 누군가 아이에게 커다란 헤드셋을 씌워주었다. 그때 흘러나오던 노래가 '오버 더 레인보우'였다. 솜털처럼 감미롭고 평화로운 노래가 무시무시한 총격과 오버랩되는 장면이 매우 인상적인 영화였다.

나도 커다란 헤드셋이 간절히 필요했다. 저 금속성의 날카로운 소 리로부터 잠시나마 도망칠 수 있도록. 치료를 마치고 나니 얼마나 입 을 벌려댔는지 입술 끝이 살짝 찢어져 있다. 잠깐 동안이지만 공산당 이 싫다고 외쳤던 이승복 어린이가 얼마나 아팠을까도 생각했다.

어쨌든 개운했다. 앓던 이를 뽑아서.

내가 이를 뽑는 동안 생각한 것은, 영화의 한 장면과 음악이 나오는 헤드셋이었다. 당시 내게 가장 필요한 것이었고, 치과에서 이런 서비스를 제공하면 병원에 가는 게 조금이나마 덜 무섭겠다는 생각도 들었다.

《감옥으로부터의 사색》이라는 책을 보면, 저자인 신영복 교수도 감옥에서 이를 뽑았다고 한다. 그는 이를 뽑으며 삶과 관계에 대해 떠올렸다.

우리는 같은 경험을 하고도 이토록 다른 생각을 하며 산다. 사색의 깊이가 깊건 얕건, 혹은 넓건 좁건, 자기만이 가진 독특한 무늬의 생각들을 한다는 것은 참 재미난 일이다.

나는 징역 사는 동안 풍치 때문에 참 많은 이빨을 뽑았습니다. 더러는 치과의 그 유리병 속에 넣기도 하고, 더러는 교도소의 땅에 묻기도 하고 또 어떤 것은 담 밖으로 나가기도 했습니다.

생각해 보면 비단 이빨뿐만이 아니라 우리가 살아간다는 것이 곧 우리들의 심신의 일부분을 여기저기, 이 사람 저 사람에게 나누어 묻는 과정이란 생각이 듭니다. 무심한 한마디 말에서부터 피땀 어린 인생의 한 토막에 이르기까지, 혹은 친구들의 마음속에, 혹은 한 뙈기의 전답 속에, 혹은 타락한 도시의 골목에, 혹은 역사의 너른 광장에…저마다 묻으며 살아가는 것이라 느껴집니다. 묻는다는 것이 파종임을 확신치 못하고, 나눈다는 것이 팽창임을 깨닫지 못하는, 아직도 청산되지 못한 나의 소시민적 잔재가 치통보다 더 통렬한 아픔이 되어 나를 찌릅니다.

(중략)

관계를 맺는다는 것은 '아픔'을 공유하는 것에서부터 시작되는 것인가 봅니다.

– 신영복 교수의 《감옥으로부터의 사색》 중에서

나만의 스토리?

세계적인 미래학자 다니엘 핑크는 그의 저서 《새로운 미래가 온다》에서 미래를 살아가기 위해 갖추어야 할 여섯 가지 필수조건 중 하나로 '스토리'를 들었다. 팩트를 요약해 자신을 경쟁자들과 차별화하고, 감정에 호소하는 스토리를 만들 줄 아는 능력은, 하이컨셉 시대를 살아가는 데 꼭 필요한 조건이라는 것이다. 사람들은 재미있거나, 신선하거나, 감동적인 스토리에 환호한다. 숫자와 데이터로 무장된 논리 정연함보다 감성에 말랑말랑하게 스며드는 스토리가 마음에 와 닿기 때문이다.

하지만 어디선가 들은 듯한 이야기는 사람의 귀를 붙잡아두지 못한다. 그래서 더더욱 '나만의 이야기'가 필요하다. 하늘 아래 새로운 것 없다고, 세상에는 비슷비슷한 내용들이 너무 많다. 하지만 개인적인 경험에서 뽑아낸 이야기는 나만이 할 수 있는 것이다. 나만 할 수 있으니 일단 참신하다. 유머감각을 지닌 사람이라면 재미있게 각색할 수도 있다. 그럼 재미도 더해진다. 여기에 나만의 독특한 깨달음까지 더한다면, 다른 이에게 잔잔한 감동을 줄 수도 있다. 그야말로 금상첨화다.

　취업시즌이 되면 종종 면접을 앞둔 대학생들을 대상으로 스피치 수업을 하게 된다. 4년 내내 스펙을 쌓느라 제대로 된 연애 한 번 못했을 친구들이, 자신의 능력을 최대한 발휘하기 위해 안간힘을 쓴다.
　정말 안타깝기 짝이 없다. 4년 내내 쌓은 실력을 10분 내에 효과적으로 표현하지 못하면 기회가 날아가니 말이다. 특히나 요즘처럼 취업하기 힘든 시기에 수많은 경쟁자들을 따돌리고 나를 어필하려면, 어디선가 들은 것 같은 착한 모범답안은 매우 위험하다. 대부분의 학생들은 인터넷에 떠도는 사례를 보고 아이디어를 얻는다. 게다가 스펙도, 지원하는 회사도 비슷비슷한 친구들끼리 모여 스터디를 한다. 상황이 이러하니 김 군이나 이 양이나 비슷비슷한 이야기를 꺼내놓을 수밖에 없다. 해외근무를 지원하는 친구들에게 존경하는 사람이 누구인지 물으면, 10명 중 5명은 한비야라고 한다. 이유도 비슷하다. 삶에 대한 그녀의 거침없는 소신과 전세계를 무대로 누비는 모습이 멋지단다. 이러니 차별화가 어렵디. 빈약한 콘텐츠도 문제이지만, 자신의 견해를 자기만의 색깔로 소화해내는 능력이 더 아쉽다.
　그래서 더욱더 많이 경험하고 사색하는 시간이 필요하다.
　이렇게 말하면 자신은 평범하게 살아서 할 이야기가 별로 없다고 난처한 얼굴을 하는 친구들이 있다. 전혀 그렇지 않다. 드라마틱한 경험을 해야 드라마틱한 스토리가 나오는 것은 아니다. 사소한 경험만으로도 나만의 스토리는 얼마든지 만들어낼 수 있다.

A군과 B양의 스토리

"어머니가 좋습니까? 아버지가 좋습니까?"라는 다소 유치하고 흔한 질문을 던지면, 대부분은 어머니와 아버지 중 어느 한쪽을 선택하기 어렵다고 대답한다. 그런데 A군은 분명히 아버지가 좋다고 말했다.

"저는 아버지가 좋습니다. 초등학교 시절 저는 공부를 못하는 아이였습니다. 그런데 기말고사에서 하필 꼴등을 했습니다. 너무나 창피하고 부모님께 말씀드리기도 무서워서 성적표를 위조했습니다. 그것도 겁 없이 1등으로요. 그런데 두근거리는 마음을 간신히 누르고 조작된 성적표를 아버지께 보여드렸더니, 너무나 기뻐하셨습니다. 다행히 아버지가 모르고 넘어가시는 것 같아 겨우 한숨 돌렸는데, 다음 날 걷잡을 수 없는 사건이 터지고 말았습니다. 아들이 1등을 한 게 너무 기쁘신 나머지 아버지께서 동네잔치를 연 것입니다.

만나는 동네 어른들마다 장하다는 칭찬과 함께 머리를 쓰다듬어주셨습니다. 전 그때 거짓말이 얼마나 무서운 결과를 낳을 수 있는지 뼈저리게 느꼈고, 그 거짓말을 사실로 만들기 위해 정말 열심히 공부했습니다. 그리고 서강대 합격통지서를 받던 날 아버지께 커밍아웃을 했습니다. 그때 거짓말을 해서 정말 죄송했다고 말씀드렸더니, 아버지께서 껄껄 웃으시며 알고 있었다고 말씀하시는 겁니다. 아버지께서는 이미 알고 계시면서도 그토록 오랫동안 저를 기다려주셨습니다. 지금도 아버지는 저를 믿고 기다리십니다. 저는 그런 아버지에게 좋은 아들이 되려고 노력하고 있습니다. 그래서 저는 아버지가 좋습니다."

"자신의 현재 모습을 표현할 수 있는 단어나 사물이 있나요?"라는 질문에 아주 많은 친구들이 모호하면서도 비슷비슷한 답을 내놓는다. 대부분이 푸른 바다나 파아란 하늘, 아무리 까도 끝이 없는 양파에 자신을 비유하곤 한다. 그만큼 깊고 심오하고 다양한 모습을 가진 존재라는 뜻일 것이다. 그 대답이야 사실이겠지만, 문제는 대부분의 학생들이 비슷비슷한 답을 한다는 데 있다.

그렇게 평범한 답변들 속에서 B양의 이야기는 아직도 기억에 남아 있을 만큼 강렬했다.

B양은 자신이 신고 있는 신발을 앞으로 내밀며 이렇게 말했다.

"지금 제가 신고 있는 신발이 저의 현재 모습이라 생각합니다. 이 신발은 보시는 것처럼 화려하지도 않고, 새것도 아닙니다. 그러나 이 신발은 안팎으로 치열한 삶을 살고 있습니다. 우선 밖으로는 거친 비바람과 먼지에 맞서 싸우고 있습니다. 그리고 안으로는 습하고 퀴퀴한 발냄새를 상대로 싸우는 중입니다. 저도 마찬가지입니다. 밖으로는 치열한 취업난에서 살아남기 위해 스펙과 학점관리에 매진하고 있습니다. 안으로는 남자친구와의 이별을 이겨내고 미래를 치열하게 고민하며 꿋꿋하게 20대를 보내기 위해 열심히 노력 중입니다. 그래서 겉으로는 소박해 보이지만, 주인이 가고자 하는 곳이면 어디든 묵묵히 따라오는 이 신발의 충성스러움과 성실함이 저와 닮았다고 생각합니다."

나를 포함한 3명의 면접관들은 모두 넋을 놓고 B양의 이야기에 빠져들고야 말았다.

흔해빠진 소재로 자신을 겸허하게 드러내는 센스. 이는 특별한 경험을 했기에 할 수 있는 이야기가 아니다. 평소 사소한 것에도 깊은 관심을 갖고 생각할 수 있는 여유와 관찰력을 가진 사람만이 할 수 있는 말이다.

이날 모의면접은 면접의 중요성을 보여주려고 기획한 TV 프로그램 중 일부였다. 면접을 마친 뒤 최종적으로 면접관들이 10명의 지원자 중에서 1명을 뽑아 합격시키는 내용이었다. 물론 B양이 최종합격이라는 영광을 차지했다. 가상이라고는 하지만, 그녀는 무엇과도 비할 수 없는 자신감을 얻었을 것이다.

A군과 B양 둘 다 자신의 경험을 탁월한 스토리로 풀어낸 사람들이다. 그래서 다른 경쟁자들과 확실히 차별화된 답변을 할 수 있었고, 만족할 만한 결과를 얻었다. 탁월한 스토리텔러들은 자기만의 이야기를 할 줄 안다. 타인의 이야기를 빌려오더라도 자신의 시각으로 재구성한다. 이것이 타인의 귀를, 마음을 훔치는 그들만의 비법이다.

나 이런 사람이야!

지구를 구출하는 일에 염증이 난 말썽쟁이 슈퍼히어로가 스크린을 꽉 채웠다. 영웅을 상징하는 망토를 걸치고 유난히 광택이 줄줄 흐르는 쫄바지를 쭈욱 잡아당겼다가 '탕~!' 하고 놓으며 불량기 넘치는 표정을 짓는다. 어딘지 모르게 모자란 비주얼을 보고 당연히 악당인 줄 알았는데, 웬걸, 주인공이다.

'뭐야, 헷갈리게….'

그러고 보니 우리에게는 고정된 편견이 있다.

공주는 하얀 피부에 동그랗고 반짝이는 눈, 그리고 드레스가 잘 어울리는 아름다운 여자여야 하고, 마녀는 주걱턱에 주름진 얼굴, 퀭한 눈을 갖고 있어야 한다. 얼굴을 가로지르는 칼자국 내지는 음산한 분위기를 풍겨야 제대로 된 악당이다. 일종의 고정관념이다. 이런 역할은 이렇게 생긴 사람이어야 한다는.

아무래도 정의의 여신은 외모에 눈이 멀어 공정한 평가를 내리지 못할 것이 두려웠나 보다. 여신은 한손에는 칼을, 다른 한손에는 저울을 들고 있다. 그리고 눈은 천으로 가리고 있다. 공평하게 법을 집행하겠다는 강력한 의지의 표현이다.

포장의 힘

그러나 우리는 눈을 뜨고 있다. 따라서 보이는 것에 현혹될 수밖에 없다. 눈으로 들어온 정보가 맞든 틀리든 간에, 또 다른 정보가 들어오기 전까지는 시각정보가 유효하다는 것이다.

유명 사회심리학자인 엘버트 메라비언 박사에 의하면, 사람들은 커뮤니케이션을 할 때 시각에 의한 정보처리가 55%(표정, 제스처, 옷차림, 스타일), 목소리가 38%, 말의 내용이 7%를 차지한다고 한다. 그만큼 소통에서 시각이 차지하는 비중은 절대적이다.

하지만 진짜 중요한 건 내용이지 포장이 아니라고 말하는 이들도 있다. 옳은 말이다. 그러나 내용만큼 포장도 중요하다. 내용이 좋으면 포장은 좀 떨어져도 괜찮다는 논리가 틀린 건 아니지만, 게으른 변명일 수도 있다.

내용물이 훌륭하다면서 왜 포장은 신경 쓰지 않는가? 내용물에 걸맞은 포장은 나를 잘 알지 못하는 상대에게 편견과 오해를 줄여주는, 일종의 배려인데 말이다. 어쩌면 포장보다 내용이 중요하다고 말하는 이면에는, 포장이 중요한 건 알지만 쿨하게 인정하고 싶지 않은 마음이 있을 수도 있다. 왜 인정하고 싶지 않은 걸까?

아마도 자신이 그런 사실을 인정하는 순간, 속물처럼 취급받을까 봐 염려하는 게 아닐까 싶다.

나 또한 취향이나 인격이 세련되지 못하다는 이야기를 듣고 싶진 않다. 그래서 굳이 드러내지 않는 것들이 있다. 드라마를 좋아한다든지, 커피는 역시 커피믹스가 최고라든지, 공짜를 좋아한다든지 하는. 분명 나의 취향이긴 해도 굳이 겉으로 드러내고 싶지는 않다.

'포장보다 내용'이라고 외쳐대는 것도 이와 마찬가지 아닐까. 속물로 취급받지 않으려는, 또 다른 포장 본능 말이다.

또 하나, 인정하고 싶지 않은 이유는 자존심 때문일 것이다. 나의 포장이 훌륭하지 않다는 걸 감내해야 하니까. 이 맥락에서의 포장은 물론 '외모'다.

'그래, 외모가 중요하지'라고 인정하면서도, 자신이 객관적인 기준에 미치지 못하면 자존심이 상할 수밖에 없다. 그래서 이미지의 중요성에 대해 강의하다 보면 아무래도 조심스러워질 때가 있다. 우리가 사는 세상에는 아무래도 뛰어난 외모의 소유자보다 그렇지 않은 사람들이 더 많기에, 상처받을 사람도 더 많다.

그러나 개인적으로 (물론 나를 포함해서) 이 부분은 정면 돌파했으면 하는 바람이다. '훌륭한 외모'라는 무기가 없다면, 이를 대체할 만한 무기가 무엇인지 알아야 할 것 아닌가. 그러려면 가장 먼저 내가 강력한 무기를 갖고 있지 않다는 사실을 순순히 인정해야, 다음 단계의 고민을 할 수 있다. 그럼 무엇으로 대체할지 말이다. 뛰어난 외모만이 정답은 아니다. 사람들이 좋아하는 외모는 매우 다양하다. 편안함, 순수함, 귀여움, 믿음직함, 부드러움….

나도 20대에는 예쁘고 잘생긴 사람이 좋았지만, 30대가 되면서 서글서글한 사람이 좋아졌다. 물론 지금도 잘생긴 사람을 만나면 눈길은 간다. 하지만 함께 있을 때 괜히 어색함을 느끼는 사람은 이제 별로다. 내가 사귈 것도 아니고.

다시 정리하자면 포장과 내용 중, 어느 한쪽이 더 중요하다고 단정지을 수는 없다. 포장과 내용은 시간이 흐르면서 중요성이 달라진다. 상대에 대해 평가할 만한 단서가 없을 때는, 그다지 합리적이진 않지만 외모가 우선적인 평가기준이 된다. 그러다 상대를 평가할 수 있는 정보량이 늘어날수록, 가령 그에 대한 평판이나 대화내용, 성품 등의 정보가 늘어날수록 외적인 평가는 줄어든다. 시각정보는 즉각적이지만, 이러한 고급정보들은 시간이 지나야 드러난다.

따라서 시각정보(포장)가 '비호감'으로 비춰지면, 잘 가꾸어진 내면을 보여줄 기회를 잃게 된다. 그러니 게으른 변명으로 자신을 어필할 기회를 놓치기 전에, 어떻게 하면 시각의 힘을 잘 활용할 수 있을지 고민해보는 것이 좀 더 적극적이고 긍정적인 자세일 것이다.

정치인이면서 자신의 정책이나 이슈보다 '이미지'를 통해 국민과 성공적으로 소통했던 대통령이 있다. 미국의 40대 대통령 로널드 레이건이다. 그는 영화배우 출신으로 50편의 영화를 찍었지만, 별반 주목을 받지는 못했다. 정작 그의 배우경력이 빛을 발한 것은 대통령이 된 다음이었다.

레이건은 '그레이트 커뮤니케이터'라는 별명을 얻을 만큼 커뮤니케이션 능력이 뛰어났는데, 연설을 감동적으로 잘했다기보다는 감동적인 연출의 귀재였다는 표현이 적합할 것이다. TV 연설을 하는 그의 말투는 간결했으며, 때로는 부드러운 농담을 섞어서 재치 있게 표현할 줄도 알았다. 감정에 호소해야 할 때는 말없이 눈물만 흘려 미국 국민들의 마음을 살 정도로, 그는 이미지 연출에 탁월했다.

그가 업적이나, 학식, 정치경력 등 어느 것 하나 월등하지 않았음에도, 두 차례나 대통령을 하며 국민들에게 사랑받을 수 있었던 것은, 언론의 속성을 고려한 그의 이미지 전략이 잘 맞아떨어졌기 때문이다.

레이건과는 전혀 다른 부류의 '그레이트 커뮤니케이터'가 있다. 방송인 김제동이다. 그는 결코 수려한 외모는 아니다. 분명 언론을 통해 대중과 소통하는 사람이지만, 평균을 살짝 밑도는(?) 외모에 가깝다. 대신 그의 이야기에서는 진정성이 묻어난다. 그가 말을 하면 그 말이 옳고 그른지를 따지기 전에 고개를 끄덕거릴 만큼, 소박한 신뢰감이 느껴진다. 제법 무게감 있는 얘기도 가볍게 포장해서 전달하는, 독특한 재능도 갖고 있다. 듣는 이에게 부담을 주지는 않되 생각은 하게 만드는 능력이다. 나는 그가 잘생기진 않았지만 외모 덕을 톡톡

히 보는 사람 중 하나라고 생각한다. 김제동의 외모는 일단 긴장감을 유발하지 않는다. 오히려 편안하고 만만한 외모랄까.

언젠가 그가 토크쇼에 출연해 이렇게 말했던 적이 있다. 무명 시절 대학축제에 사회를 보러 가면, 섭외를 담당했던 학생들의 눈초리가 차가웠다고. 다들 '뭐 저렇게 생긴 사람이 사회를 보나…'라는 눈으로 쳐다본다는 것이다. 그러거나 말거나 행사가 시작되고 마이크를 잡으면 그때부터는 정말 자신이 있었기에, 조금만 참으면 된다고 했다. 그렇게 한바탕 신명나게 어우러져 노는 축제가 끝나고 짐을 주섬주섬 챙겨서 나올 때면, 처음에 싸늘하게 반응했던 학생들의 허리 각도가 달라져 있다고 했다. 그의 말대로 대구에서 김제동은 전설과도 같은 사회자로 알려져 있었다. 정말 대단한 반전 아닌가. 김제동이니까 가능한 반전카드다.

뛰어난 무언가를 감추고 있지만, 겉으로 보기엔 전혀 예상조차 할 수 없는 사람들이 쓸 수 있는 게 바로 반전카드다. 예상 못한 만큼 효과는 기대 이상이다. 어찌 보면 그 또한 외모의 덕을 보고 있는 셈이다.

이렇듯 과거에 비해 비주얼의 힘은 강력해졌다. 두말할 것도 없이 미디어의 발달이 큰 몫을 했다.

신문이나 라디오가 주요 매체이던 시절에는 어떤 말을 하는지가, 즉 '메시지'가 중요했다. 그러나 지금은 누가 이야기하는지가 훨씬 더 중요해졌다. 메시지보다 '메신저'의 역할이 커진 것이다.

이때 메신저가 반드시 '뛰어난 외모'의 소유자일 필요는 없다. 사람들이 좋아하는 요소는 다양하니까. 그러나 메신저에게 공통적으로 요구되는 자격은 있다. 바로 '전문성과 신뢰성'이다. 말하는 이가 전문성을 갖고 해당 분야를 논하고 있는지, 적절한 자격을 갖춘 사람이 이야기하고 있는지.

한때 사이버 논객 미네르바의 열풍이 거세게 불었던 적이 있다. 그때 미네르바는 각종 언론과 네티즌들로부터 보이지 않는 경제계의 거물이자 스승으로 추앙받았다. 그러나 그의 실체가 전문대 졸업자이자 30대 백수라는 사실이 드러나자, 그의 글에 열광하던 사람들은 한순간에 돌아섰다. 전문성이 의심스러웠기 때문이다. 학력이나 나이가 곧 전문성은 아니지만, 현실적으로 전문성을 갖추면 신뢰를 얻기란 한결 수월하다. 대부분의 사람들이 전문가의 말이 맞을 거라는 생각을 갖고 있으니까.

사람들은 슈퍼히어로가 영웅놀이에 심드렁해지고 대중의 관심을 끌기 위해 망나니 같은 행동을 하더라도, 그가 진짜 영웅인지 알고 싶어 한다. 하늘을 가로지르고, 충돌 위기에 처한 전차도 가뿐하게 들어올리고, 건물 꼭대기에서 떨어지는 미녀도 척척 받아낼 정도의 전문성은 기본 사양이다. 그가 진짜 영웅이라면 잠시 방황하더라도 인류에게 위기가 닥쳤을 때 멋지게 우리를 구해줄 거라 믿기 때문이다.

여기에 덧붙여 반드시 슈퍼히어로는 '영웅'임을 단번에 알아볼 수 있는 비주얼이었으면 좋겠다. 헷갈리지 않게. 우리가 갖고 있는 편견에 맞춰 호감형 마스크에 식스팩의 근육질이었으면 좋겠고, 유머감각도 탁월하면 고맙겠다. 기왕이면 영웅 유니폼도 멋지게 소화하면 더욱더 좋겠고. 그렇지 않으면 자꾸 의심하게 되니까.

"쟤 또 뭐니?"

완견과 애완견의 사교술

　우리집엔 두 마리의 블랙 토이푸들 모녀가 있다. 하나뿐인 아들녀석의 외로움도 덜어주고 책임감도 심어줄 겸해서 데려온 귀여운 용병들이다.

　처음 우리집에 올 때만 해도 이들 모녀는 귀족적인 기품이 흘러넘치는 아이들이었다. 그런데 딱 반년이 지난 지금, 서민의 풍모가 뼛속에서부터 우러나오고 있다. 역시 환경의 영향력이란 대단하다. 이름은 아공이와 드컵이. 남아공 월드컵 시작하는 날 데려와서 아공이와 드컵이다. 이 두 녀석은 질투에 눈이 멀어 히루가 멀다 하고 싸운다. 똑같이 으르렁거리는 걸 보면, 개들에겐 모성애도 위아래도 없는 것 같다.

　두 마리 중 드컵이가 엄마다. 이 녀석은 소형견에게서는 보기 힘든 카리스마가 있다. 통찰력 넘치는 날카로운 갈색 눈동자를 크게 뜨고 나를 똑바로 바라본다. 근거 없이 함부로 야단쳤다가는 역풍을 맞을 것 같은 살벌함마저 느껴진다. 심지어 드컵이는 자기보다 대여섯 배는 더 큰 개에게도 굴하지 않고 짖어댄다. 그럴 땐 완전 멋지다!

그런데 이놈은 배변을 잘 못 가린다. 그리고 개로서 마땅히 가져야 할 자세나 사랑스러움이 상당히 결여되어 있다. 게다가 매우 정치적이다. 누가 밥을 주는지 정확히 알고 전략적으로 복종하며, 나머지 가족은 깡그리 무시한다. 처음 본 사람에게는 착하고 친근하게 다가가는 약삭빠른 사교성까지 갖췄다. 완벽한 '정치견'이다!

6개월 동안 착실히 지켜본 결과, 드컵이는 차갑고, 도도하며, 게으르다. 그러면서도 아공이 귀여움 받는 꼴을 보면 번개처럼 달려들어 마구 밀쳐낸다. 예쁜 짓은 안 하지만 예쁨은 많이 받고 싶은, 불로소득의 마인드다. 그래서 드컵이는 애완견이라기보다는 그냥 '완견'이다. 완전한 개.

반면 아공이는 겁이 많아 살짝 굽은 등을 하고 다닌다. 새까맣고 동그란 눈으로 45도 위쪽을 살포시 올려다보는 이 녀석은 항상 주인의 곁을 맴돈다. 가녀린 몸통과 부실한 균형감각을 갖고 있지만, 쉴 새 없이 뛰어다니는 모습은 정말 귀엽다. 게다가 우사인 볼트보다 빠르고 미녀새보다 높이 뛰는, 자랑스러운 '태능견'이기도 하다. 영리한 데다 배변도 귀신같이 잘 가린다. 아공의 단점이라면 호기심이 많아 늘 사고를 치고 다닌다는 것.

이 녀석의 최고 특기는 할리우드 액션에 가까운 리액션이다. 살짝 스치기만 해도 '깨갱' 하고 자지러지는 소리를 내서 나를 동물학대나 하는 몰상식한 주인으로 만들어버린다. 그래도 아공이는 주인에 대한 변함없는 애정과 탁월한 재능을 가진, 진정 사랑스러운 애완견이다.

'아공, 짱!'

아, 아무래도 읽는 분들이 편애한다고 느끼실 것 같다.

"걱정 마세요. 드컵이는 탁월한 사교성 덕분에 만인에게 사랑받고 있으니까요."

이 녀석들이 처음부터 예뻤던 건 아니다. 아들을 위해 필요하다는 이유만으로 데려왔기 때문에 애정도 없었고, 처음 동물을 기르는 탓에 아무런 지식도 없었다. 그런 우리 가족에게 개 2마리는 매우 벅찼다. 냄새나고, 배변도 못 가리고, 사료도 비싼 것만 먹고, 엄청나게 손이 가는, 성가시고 부담스러운 존재였다. 그랬던 녀석들이 우리 가족과 반년을 살면서 한 번씩 교대로 가출을 했고, 그때마다 천운처럼 우리 품으로 무사히 돌아왔다. 웃기지만 사건사고를 겪으면서 우린 진짜 가족이 됐다.

드컵이는 든든하다. 맏딸처럼. 아공이는 사랑스럽다. 막내처럼.

어느새 둘은 엄마의 관심을 독차지하는 절대강자가 되어 있다. 아공이와 드컵이의 존재감에 밀린 아들이 더 이상 안 되겠는지 한마디 한다.

"엄마, 나도 신경 좀 써줘."

이런! 굴러온 돌, 아공이과 드컵이의 승리다.

아들녀석을 위해 데려온 개이건만, 아공이와 드컵이의 행동을 보다 보면 세상 사는 이치가 떠오른다. 그중 하나가 얻고 싶은 것이 있으면 먼저 주어야 한다는 것.

당나라 현종 시절 상건과 조하라는 두 시인이 있었다. 상건은 자신의 시가 조하에 미치지 못한다고 생각하던 차에, 조하가 소주의 영암사로 온다는 소식을 전해들었다. 그는 이 기회에 어떻게 해서든 조하의 시를 한 수 배우고 싶었다.

'어떡하면 좋을까….'

고민을 거듭하던 상건은 조하가 온다던 영암사로 달려가 사찰 벽에 시를 절반만 지어 적어놓았다.

'시를 사랑하는 조하가 그냥 지나칠 리 없지….'

절에 도착한 조하는 마침 벽에 적힌 미완의 시를 보고 문득 시흥이 일어 절반을 채워 넣었다. 이렇게 해서 한 수의 시가 완성되었는데, 앞 구절보다 뒤의 구절이 훨씬 유려했다.

이후 사람들은 상건이 조하의 시를 얻은 일을 두고 '벽돌을 버리고 옥을 얻은 격'이라고 말했다. 벽돌은 스스로 부족하다고 여기는 자신의 의견이나 작품을 뜻하며, 옥은 다른 사람의 작품이나 고명한 의견을 뜻한다.

모든 일이 마찬가지다. 얻고 싶은 게 있다면, 그게 뭐가 됐든 먼저 주는 것부터 시작해야 한다. 크든 작든, 혹은 무겁든 가볍든 먼저 주어야 얻을 수 있다는 '포전인옥抛塼引玉'의 지혜를 강아지 아공이로부터 배웠다.

아공이는 우리집에 온 첫날부터 지금까지 한결같이 스토커처럼 나를 졸졸 따라다닌다. 처음 얼마간은 아무리 강아지라고 해도 아공이의 집요한 시선이 부담스러웠다. 주인이 화장실을 가도 따라와서 문앞을 지키고, 부엌에 있을 때도 발밑 매트에 엎드려 있다. 오죽하면 '엄마바라기'라는 별명까지 얻었을 만큼, 아공이의 관심사는 온통 먹을 것과 엄마뿐이다.

"넌 뭐 할 거 없니? 그냥 저쪽에서 자든가." 그러던 것이 어느 순간부터 안 보이면 찾게 되고, 아프기라도 하면 더없이 가여웠다. 동물이긴 하지만 아공이의 한결같은 엄마사랑은 돌부처 엄마도 돌아서게 만들었다. 정말 대단하지 않은가. 가르치지 않아도 아공이는 알고 있는 것이다. 먼저 주면 온다는 것을.

되로 주고 말로 받으려 하지 말라

위왕 8년에 초나라가 군사를 일으켜 제나라를 침공했다. 위왕은 순우곤이라는 학자를 불러 급히 조나라에 가서 구원병을 청하라 명하면서, 예물로 황금 100근과 수레 10대를 가져가라고 했다.

이에 순우곤은 하늘을 우러러보며 갓끈이 끊어지도록 웃어댔다. 이를 본 왕이 물었다.

왕 : "선생은 이것이 적다고 생각하는 거요?"

순우곤 : "어찌 감히 그렇다고 하겠습니까?"

왕 : "웃는 데는 다 그만 한 이유가 있는 것 아니오?"

순우곤 : "제가 동쪽에서 오던 길이었습니다. 그곳에서 풍작을 비는 사람을 보았지요. 그런데 그 사람이 돼지 발굽 하나와 술 한잔을 놓고 이렇게 빌고 있었습니다.

'높은 밭에서는 광주리에 가득하게, 낮은 밭에서는 수레에 가득하게, 오곡이 풍성하게 익어 집안에 가득가득 넘쳐나게 해주십시오.'

보잘것없는 제물을 올리고 그토록 욕심을 내는데 어찌 웃지 않을 수 있겠습니까."

위왕은 이 말을 듣고 황금 1,000근, 백벽(흰옥)10쌍, 수레 100대로 예물을 늘렸다. 조나라 왕은 풍성한 예물을 들고 찾아온 순우곤에게 정병 10만과 가죽수레 1,000량을 내어주었다.

이 소식을 들은 초나라는 밤중에 서둘러 병사들을 철수시켰다. '돼지 발굽과 술 한잔'이라는 뜻으로, 작은 것을 주고 큰 것을 얻으려는 어리석음을 표현한 말이 '돈제일주豚蹄一酒'다.

드컵이는 그야말로 '돈제일주'다. 드컵이는 도도하고 심드렁한 성격에 상당히 쿨하다. 아니, 조금은 사납기까지 하다. 짓궂은 초등학생 아들의 장난에 짖어대기도 하고 심지어 물어뜯는 하극상까지 서슴지 않는다.

어쨌든 주인이 뭘 하든 별 관심도 없는 녀석이 항상 예쁨 받길 바란다. 주인 손이 놀고 있으면 그 꼴을 못 본다. 쓰다듬어달라고 마구 들이댄다. 이런 녀석이 얄미워서 가만히 때를 기다리고 있었다.

남편도 아이도 외출한 토요일 오후. 드디어 때가 왔다.

역시 배변판 옆에 실수를 해놨길래 응가도 잘 못 가리는 주제에 밉상처럼 군다며 심하게 야단을 쳤다. 사실 고의가 아닌 실수라고 믿을 수 없었다. 주인 기분에 따라 자신이 어찌해야 되는지 엄청나게 잘 아는 녀석이 배변을 못 가리다니, 어째 날 놀리는 것만 같아 은근슬쩍 약까지 올랐다. 현관문 열어놓고 환기를 시키며 큰소리로 야단을 치고는 앞다리를 들고 있으라고 벌을 줬다.

그런데 잠시 후 돌아보니 드컵이가 안 보였다. 여기저기 아무리 뒤져봐도 안 보였다. 드컵이가 가출한 것이다. 아파트 6층에서 1층까지 계단을 따라 내려가도 보이지 않고 자주 기는 산책로를 다 뒤져도 없었다. 동물병원을 찾아가 물었더니 그렇게 예쁜 개들은 사람들이 돌려주지 않아 찾기 힘들 거라고 했다.

'그래, 우린 인연이 아닌 거야. 초등학교 4학년이 개를 2마리나 책임지는 건 버거운 일이지. 사람들을 잘 따르고 예쁘게 생겼으니 어딜

가도 귀여움 받겠지. 에이, 그만 찾자.'

그래도 혹시 몰라서 아파트에 달랑 전단지 2장을 붙였다. 마음의 짐을 덜기 위해.

'돌아오면 우리 식구다.'

참 그 개에 그 주인이다. 그런데 놀랍게도 5일 후 드컵이가 귀환했다. 15km는 족히 떨어진 곳에서 돌아왔다. 잠시 맡아준 사람은 눈물까지 흘리며 아쉬워했다.

그 사건 이후로 어쨌든 나가서 고생했을 드컵이에게 좀 더 상냥해지기로 마음먹었다. 그렇다 해도 내 마음은 여전히 아공이에게 있다. 녀석은 여전히 자기 필요할 때만 어색한 교태를 부리니까. 나도 딱 고만큼만 어색한 친절을 베푼다.

"어이쿠~ 귀여워라."

아공이와 드컵이 덕분에 세상은 내가 쏟는 관심만큼 내게 관심을 보인다는 사실을 깨달았다. 때론 개들이 스승이 되기도 한다.

어느 날 남편에게 공치사하는 심정으로 말했다.

"우리 사이가 좋은 건 다 내가 져줘서 그런 거야."

내 말에 정말 어이없다는 표정을 지으며 남편이 말했다.

"그건 말도 안 되지! 말은 똑바로 하자. 내가 항상 져주는 거잖아."

사람들은 자신이 조금 더 준다고 느낄 때, 객관적인 입장에서 그게 손해도 이익도 보지 않는 상태라고 여긴다. 만약 인간관계에서 내가 조금이라도 더 얻었다는 생각이 들면, 그때는 이미 돌이킬 수 없는 상태로 관계의 단절을 느끼는 시점이라고. 그러니까 서로 내가 조금쯤 손해 보고 있다고 느끼는 때가 딱 반반씩 공평한 지점인 거다. 그래서 다짐했다. 기왕 줄 거면 확실히 주자고. 공평하게 반반인지 따질 것도 없다.

내가 더 주었다고 속상해할 것도 없다. 먼저 주어서 내 사람을 만들면 된다.

초등학교 다닐 때야 먼저 때려서 코피 내는 녀석이 이겼지만, 사회생활에서는 먼저 손 내미는 사람이 이기는 거니까.

미학의 거리

　서로가 서로를 가장 아름답게 만드는 거리가 '미학의 거리'다. 아무리 근사한 그림도 바짝 다가서서 보면 붓 자국만 보인다. 오히려 살짝 떨어져서 관람해야 훨씬 더 근사한 작품을 볼 수 있다. 그렇다고 너무 멀리서 바라보면 그림이 얼룩으로 보일 수도 있다. 그러니 사람마다 서로가 가장 아름다워 보이는 '미학의 거리'를 찾아내야 한다. 한 발자국 떨어져야 할지, 두 발자국 다가서야 할지.

　몸의 거리는 마음의 거리를 만들기도 한다. 늘 함께하던 친구가 유학을 가거나 군대를 가면, 몸의 거리가 멀어지면서 마음의 거리도 멀어진다.

　반대로 마음의 거리가 몸의 거리를 만들 때도 있다. 좋아하는 사람에게는 좀 더 가까이 가고 싶고, 싫어하는 사람에게서는 좀 더 멀어지려고 하는 '본능'이 만들어내는 거리다. 미학의 거리는 마음의 거리와 몸의 거리가 잘 조절된 거리다. 때로는 줌인, 때로는 줌아웃해서 만들어내는 미학의 거리는 경험에서 오는 훈련된 감각이 필요하다.

가까이 하기엔 너무 먼 당신

유명 대학병원에서 근무하는 의사 친구의 리얼 스토리다. 조직폭력배 1명이 급하게 응급실로 실려왔다. 큰 싸움이 있었는지, 세 곳이나 칼에 찔린 데다 상처가 꽤 깊었다. 이미 병원은 조직원들로 꽉 차서 살벌한 풍경을 이루고 있었다. 환자의 상처는 얼핏 보아도 심장과 폐 부근이라 수술은 촌각을 다투는 상황이었다. 친구는 긴급하게 수술을 해야 하니 빨리 수술동의서에 서명해달라고 요청했다. 조직원들은 형님이 오시기 전에는 절대로 서명을 할 수 없다고 버텼다.

"…."

얼마 지나지 않아 그토록 기다리던 형님이 도착했고, 다행히 환자는 너무 늦지 않게 수술실로 들어갈 수 있었다. 무사히 수술을 마친 그는 완쾌를 하고 나서도 가끔 인사를 온다고 했다.

"선생님, 어려운 일 있으시면 언제든 말씀만 하십시오."

"이~ 예."

친구는 그 환자만 보면 오금이 저린다고 했다. 사연인즉슨 조폭 환자의 가슴팍에 살아 움직일 것 같은 용 문신이 위풍당당하게 그려져 있었다고. 그런데 긴급하게 수술을 하고 봉합하는 과정에서 용 문신이 어긋나게 꿰매진 모양이다.

친구 : "용 그림이 너덜너덜해졌어···."

나 : "괜찮아, 설마 그런 걸로 뭐라 그러겠어? 무슨 명품 슈트야? 무
  늬까지 맞추게···."

환자와 의사 사이가 아니었다면 평생 마주치기 힘들었을 인연인데,
살짝 감당하기 힘든 상대라 영 불편한 기색이다. 친구와 웃으며 나눈
이야기이지만, 사람과 사람 사이에는 분명 '마음의 거리'가 존재하는
모양이다.

같이 있고 싶은 사람, 다가가고 싶은 사람, 거리를 두고 만날 사람,
내 인생에서 제외시키고 싶은 사람. 마음의 거리에 따라 각각 물리적
인 '적정 거리'가 존재한다. 문화나 사람에 따라 다르겠지만, 사회적
으로 적당한 거리는 120cm 정도다. 팔을 뻗었을 때(대략 60cm 정도)
그 안에 들어와도 좋은 이들은 사랑하는 사람들이다.

초등학교 시절 새로운 학기가 시작되면, 우리 담임 선생님은 누구
실까? 내 짝꿍은 누굴까? 이런 기대감에 설레었던 기억들이 있다. 특
히 누구와 짝이 되느냐는 매우 중요한 관심사였다. 조상님이 보살피
사 원하던 친구와 짝꿍이라도 되는 날엔 날아갈 듯 기뻤다.

그러나 그런 일은 잘 일어나지 않는다. 그냥 데면데면하게 지내던
아이나, 운이 나쁘면 싫어하는 아이가 걸리는 일이 다반사다. 그때마
다 꼭 치르는 의식이 있다.

'금 긋기'

정성들여 금을 긋고 나서 꼭 한마디 날린다.

이성 짝꿍: "넘어오지 마, 넘어오면 죽어."

동성 짝꿍: "넘어오지 마, 넘어오면 다 내 거야."

이 모습은 내가 초등학교를 졸업하고 강산이 몇 번이나 변했는데도 달라지지 않았다. 이젠 애초부터 금이 그어진 책상이 나온다. 오죽 싸움박질을 했으면 그럴까!

나와 타인과의 사이에 공간을 확보하고 싶은 마음은, 어릴 때나 다 큰 어른이 됐을 때나 마찬가지다. 그때나 지금이나 친하지 않으면 불편하고, 불편하면 거리를 두고 싶은 것이다. 지하철을 타면 흔히 이런 광경을 볼 수 있다.

아침 일찍 출근하려고 지하철을 탄다. 와우! 7명이 앉을 수 있는 좌석들이 텅텅 비어 있다. 아무데나 앉으면 된다. 이때 망설이지 않고 앉는 자리가 맨 끝자리다. 두 번째 탄 사람은 쓰윽 좌석을 빠르게 스캔하고, 비어 있는 반대편 끝자리에 자리를 잡는다. 세 번째 탄 사람은 두말 않고 가운데 앉는다. 그다음 탄 사람은 그냥 아무데나 빈 곳에 앉는다. 아주 가끔 자리가 여섯 자리나 비어 있는데, 바로 옆자리에 앉는 사람이 있다.

'이상한 사람이네…. 변태 아니야?'

내릴 때까지 신경을 곤두세우게 된다. 좀 더 적극적으로 변태를 분리하는 방법도 있다. 그와 나 사이에 가방을 놓고 경계 긋기.

우리는 암묵적인 원칙 아래 살아간다. 친하지 않으니까 되도록 멀리 떨어져 있자고. 누군가가 그 약속을 깨고 들어올 때마다 불쾌함과 불편함이라는 감정이 일어난다.

가까이하고픈 당신

아직은 친하지 않지만 친해지고픈 사람과 사회적인 거리를 유지하는 '최적의' 방법이 있다. 아직 짝을 찾지 못한 청춘들이 미팅이나 소개팅에서 보여주는 모습을 떠올려보면 답이 나온다.

일단 상대가 마음에 들면 어떻게든 거리를 좁혀야 된다. 그렇다고 처음 만나는 사이인데 화장실 다녀오면서 옆자리에 앉을 수는 없는 일이다. 요건 좀 더 친해졌을 때 하는 거고.

방법은 아주 간단하다. 친해지고 싶은 상대가 앉아 있는 방향으로 몸을 향하고, 상체를 살짝 앞으로 기울이면 된다. 이런 제스처는 내가 당신에게 집중하고 있다, 당신의 말을 경청하고 있다는 인상을 주어 호감도를 높이는 결정적인 요인으로 작용한다.

어떤 형태로든 물리적인 거리를 줄이고 나면, 마음의 거리도 최대한 좁힐 수 있다. 물론 반대의 경우도 있다. 이건 안 시켜도 잘한다.

싫어하는 사람이 앞에 앉아 있는 경우, 그 사람과 최대한 멀어지기 위해 의자에 몸을 아예 파묻어버린다. 강의할 때 이런 사람이 하나라도 보이면 아주 맥이 빠진다.

난 여배우 고현정을 좋아한다. 예전엔 별 관심이 없었는데 컴백한 그녀의 연기를 보고는 '멋지다'고 인정하지 않을 수 없었다. 그녀의 연기를 보면 목 끝까지 차오른 연기에 대한 갈망이 느껴진다. 자신이 하고 싶은 일을 꾹꾹 눌러 참다가 한꺼번에 봇물 터지듯 솟구쳐오르는 그리움이랄까.

얼마 전 김제동이 그렇게 '멋진 그녀'를 인터뷰한 기사를 읽었다. 김제동이 처음 그녀를 만나는 자리에서 있었던 일이다. 지인이 술자리에 불러서 나갔는데, 이미 대다수의 사람들이 거나하게 취해 있었다. 그런데 그가 자리에 앉자마자 '여신' 고현정의 취한 목소리가 들려왔다.

"쟨 또 누가 불렀니? 내가 개그맨이랑 가수 따윈 안 만나는 거 몰라?"

김제동은 신경질을 부리고 휙 나가버린 그녀의 찬바람 부는 태도에 무안한 나머지 안절부절못하고 있었다고 한다. 얼마나 지났을까. 조금 후에 돌아온 고현정.

"너 몰카에 당한 거야."

"??????????"

인터뷰어 김제동이 인터뷰이 고현정에게 물었다. 처음 만나던 날 고현정식 장난에 당했던 일이 억울해서 따져 물었다. 몰카가 재밌었냐고. 얼마나 놀랐는지 아느냐고. 도대체 그런 짓은 왜 하느냐고.

이에 대한 고현정의 대답이 인상적이었다.

"재밌으니까. 다들 항상 즐거워해. 무료한 일상에 기쁨을 줘서 고맙다고. 난 언제나 누군가에게 산타클로스 같은 갑작스러운 기쁨을 주고 싶어. (짓궂은 장난은) 친해지고 싶은 사람과의 불필요한 절차를 없앨 수 있는 수단이라고나 할까?"

관계에 대한 고현정식 철학 때문에 그녀가 더 좋아졌다. 그렇다. 때로는 한 계단씩 한 계단씩 밟아가는 것이 답답할 때도 있다. 빨리 진도를 나가서 내 사람이 되었으면 싶은 사람. 그런 사람을 만나면 고현정식의 '불필요한 절차 생략'도 아주 멋진 방법이다. 격식 따지고 차례 따져서 만나지 않아도 될 상대라면, 몇 계단씩 건너뛰어도 좋다. 물론 감각이 필요하다. 상대를 살필 줄 아는 감각. 타이밍을 볼 줄 아는 감각. 모처럼 용기를 내어 휙 당겼는데 뒤도 안 돌아보고 도망가면 낭패니까.

세상에서 제일 뛰어난 두뇌를 가진 과학자에게 그 나라 최고의 미녀가 구애의 편지를 보냈다.

'저의 아름다운 외모와 당신의 지적인 머리를 닮은 아이가 태어난다면 얼마나 좋을까요?'

이에 과학자가 답장을 보냈다. 편지 안에는 돼지 2마리가 그려져 있었다. 뒤쫓아오는 돼지는 앞에 가는 돼지를 향해 열심히 뛰고, 앞에 뛰어가는 돼지는 뒤쫓아오는 돼지를 돌아보며 도망가는 그림이었다. 과학자는 당대 최고의 미녀에게 자신의 마음을 담아 거절을 한 것이다.

'당신이 그렇게 쫓아오면 난 도망부터 치고 싶어요. 물론 쫓아오는 당신이 궁금한 것도 사실이지만요.'

이것이 사람의 마음이다. 서로의 마음의 거리를 알지 못한 채 무작정 거리를 좁히려 들면 부작용이 생길 수 있다. 그래서 적절하게 다가갈 줄 아는 감각이 필요하다. 상대를 주의 깊게 관찰하고, 타이밍을 살피고 속도를 조절하는 감각.

먼저 상대가 어떤 타입의 사람인지, 잘 살펴봐야 한다. 나보다 적극적인 타입인지, 수동적인 타입인지 아는 것이 중요하다. 인간관계는 서로의 성격이나 환경에 따라 역할이 나뉘니까. 자신이 적극적인 성격이지만 상대가 나보다 적극적이라면, 주도권을 넘겨주는 편이 좋다. 반대의 경우엔 내 쪽에서 끌어주는 게 마땅하다. 물론 상대방과 좋은 관계를 원한다면 말이다.

인간관계에는 리더십도 팔로워십도 모두 필요하다. 끌고 가거나 아니면 따라주거나.

원치 않을 때는? 36계 주위상走爲上, 때로는 피하는 것도 상책이다.

마음의 거리를 좁히는 타이밍 또한 대단히 중요하다. 지금이 당길 때인지, 못 이기는 척 끌려갈 때인지, 아니면 좀 더 버텨야 하는 때인지.

살면서 정말 중요하다고 실감하는 것 중 하나가 '타이밍'이다. 부부싸움을 했을 때도 언제 화해의 제스처를 보낼 것인지는 가장 중요한 포인트다. 내가 잘못했을 땐 길게 끌수록 불리하다. 괘씸죄까지 더해지면, 호미로 막을 것을 가래로도 못 막을 때가 온다.

마침 친해지고 싶어 하던 사람이 당겨주면 못 이기는 척 끌려가는 배려도 상대를 도와주는 것이다. 잘못된 밀고 당기기로 상대방을 지치게 하면 곤란하다. '딱 한 번만 더!'를 외치다 영영 가버리는 수도 있으니까. 아, 물론 버텨야 될 때도 있다. 상대방에게 확신이 서지 않을 때는 절대 무리하지 말자. 공공연히 오해만 만들 수 있으니까.

말을 예쁘게 하는 여후배 M은 상대가 여자든 남자든 기분을 잘 맞추는 편이다. 그런데 M의 탁월한 립서비스에 P가 정신이 혼미해져 무작정 들이대는 사고를 쳤다. 덕분에 양쪽을 다 아는 나만 난처하게 됐다.

후배 M은 징그럽게 들이대는 P가 싫은데도, 나 때문에 모진 소리도 못하고 열만 받는다. 그것도 모르는 P는 7전8기 정신으로 들이대고.

'P군, 지금은 아니에요. 아니라고요….'

들어오면 밝아지는 사람,
나가야 밝아지는 사람

　세상에는 두 부류의 사람이 있다. 들어오면 주변이 밝아지는 사람과 그가 나가야 분위기가 밝아지는 사람. 어딜 가나 환영받는 사람은 그가 나타나면 주변이 밝아진다. 말 그대로 자체발광이다. 그가 나타나는 순간, 사람들의 얼굴에도 화색이 돈다. 그들은 직장동료들의 협조를 잘 이끌어내 상사로부터 인정을 받는다. 친구들 모임에서도 빠져서는 안 될 주요 인물이며, 그 사람을 중심으로 모이게 된다.

　언제부터인지 초등학생들의 장래희망이 바뀌었다. 내가 초등학교를 디니던 1980년대에는 대통령, 과학자, 선생님이 1순위였다. 21세기 청소년들에게는 연예인이 단연 1위다. 시대가 바뀐 것이다. 지식을 갖춘 사람이 성공하던 시대에서 사람을 얻는 사람이 성공하는 시대로.

　세계적인 성공학 컨설턴트인 브라이언 트레이시는 21세기는 사람을 끄는 '매력'을 갖춘 인물이 성공하는 시대라 말했다. 매력魅力의 '홀릴 매魅'는 '귀신 귀鬼'와 '아닐 미未'를 합한 글자다. 귀신도 아닌데 사람을 홀리는 힘을 가졌다고 해서 '매력'인 것이다. 매력 있는 이들은 사람의 기운을 끌어들인다.

나는 이미지 컨설턴트라는 직업 탓에, TV를 보거나 주변 사람들을 볼 때 그들의 캐릭터나 일어나는 사건들의 역학관계를 유심히 살피고 분석하는 버릇이 있다. 피곤하다. 말 그대로 고질적인 직업병이다.

왜 저 사람에게는 끊임없이 사람들이 모여드는 걸까? 주변 사람들이 뭐든 해주지 못해 안달난 것처럼 구는 건 도대체 왜일까? 어떤 사람은 상대에게 진심을 다하고 자기 것을 아낌없이 퍼주는데도, 종국에는 트러블이 생겨 나쁜 감정으로 돌아선다. 이건 또 뭘까? 그리고 저 사람은 성격도 서글서글해 보이는데, 결정적으로 왜 가까워지기 힘든 걸까?

결국 개인적인 호기심에 직업의식까지 발동해, 인기 있는 사람들의 몇 가지 공통점을 정리해보았다.

쿨하지 않다. 요즘 드라마에서는 '까칠한' 도시형 인간이 대세다. 시크한 성격이 세련되어 보이기도 하고, 끈적끈적 달라붙지 않아 깔끔해 보인다는 이유로 인기가 많다. 나도 어쩌다 쿨하다는 말을 들으면 '내가 좀 그렇지 뭐. 어디 내놔도 깔끔하다니까' 하며 우쭐한 마음이 든다.

일명 쿨한 사람들은 가는 사람 붙잡지 않고, 오는 사람 두 팔 벌려 반기지도 않는다. '아니면 말고. 너 아니면 사람 없냐'라는 도도한 자신감이 물씬 묻어난다. 사람을 사귀는 데 그렇게 쿨하니, 곁에 있는 사람들은 외롭다. 같이 있어도 혼자처럼 느껴진다. 사귐이 길어질수록 쓸쓸한 시간도 길어진다.

반면 주변에 사람이 넘쳐나는 이들은 무지하게 따뜻하다. 때론 자신의 시간과 에너지를 나눠주느라 힘들어하기도 하지만, 그들은 상처 입은 친구를 위해 눈물을 흘리고, 차가워진 손을 잡아주고, 따뜻한 말을 건넬 줄 안다. 사소한 일이지만, 누군가에게는 딛고 일어설 수 있는 힘이라는 것을 알기 때문이다. 그래서 난 요즘 따뜻한 사람이 그립다. 쿨한 것이 뭔가 있어 보이고 이성으로는 끌릴지 모르겠지만, 동료나 친구로는 곁에 두고 싶지 않다.

게다가 따뜻한 이들은 타인의 장점에 집중하고 칭찬한다. 유독 타인의 장점을 잘 찾아내는 사람들이 있다. 그들은 한결같이 처음 사람을 만나면 장점부터 알아보는 습관을 갖고 있다.

지인 중에 유독 눈치가 빠른 사람이 있었다. 본인 스스로 엄한 부모 밑에서 자라서 눈치가 백단이란다. 그런 자신이 순수하지 못한 것 같아 너무 싫었는데, 그게 한순간에 장점으로 바뀌는 사건이 있었다고. 함께 일하는 동료가 그의 눈치 빠름을 '통찰력'이라는 말로 표현해준 것이다. 약점도 관점이 바뀌면 장점이 된다. 이렇게 다른 사람에게 별을 달아주는 사람들이 있다. 그들은 상대를 더 돋보이게, 언제나 주인공으로 만들어준다.

아! 갑자기 생각나는 사건이 있다. 기업교육에 관심을 가진 사람들의 온라인 모임이었을 거다. 첫 오프라인 모임이 있던 날, 나와 후배는 설레는 마음으로 뒷풀이까지 따라갔다. 참고로 후배는 현빈만큼 잘생겼다. 그 후배와 같이 다니면 뭇 여성들의 부러운 시선이 뒤통수까지 느껴져서 몹시 뿌듯하다. 그날도 그랬다. 그런데 한 여성이 후배를 향해 들뜬 목소리로 말을 건넸다.

"어머 세상에…. 진짜 군계일학이시네요."

난 그날 닭이 됐다. 내 후배에게는 별을 달아주면서, 나는 블랙홀로 밀어버렸다. 참으로 몹쓸 칭찬이다.

자신만만하다. 세상에는 두 종류의 자신감이 있다. 도대체 뭘 믿고 저렇게 자신만만한 걸까 싶을 만큼 얄미운 자신감. 이럴 때는 상대를 묘하게 깎아내리고 싶은 충동이 인다. 그런가 하면 자신의 부족한 부분도 거리낌 없이 드러내고, 스스로 만만한 위치에 서기를 피하지 않는 훈훈한 자신감도 있다. 차이야 좀 있겠지만, 어느 쪽이든 자신감 있는 사람을 보면 부럽다. 이들에겐 공통점이 있다. 자기 자신을 좋아하고 남의 이목에 집착하지 않는다는 것. 그들의 인생에는 확고한 방향성이 존재한다. 그들과 함께 있으면, 어느새 그들의 자신감에 동의하고 끌려들어가게 된다.

웃음이 헤프다. 국민 MC 유재석은 웃음이 많다. 자신이 말하면서도 웃고, 다른 사람이 말할 때도 숨이 넘어가도록 웃는다. 왜 그가 온 국민의 대대적인 사랑을 받는지 알겠다. 강의를 할 때 왜 유재석이 좋은지 청중들에게 종종 물어본다. 그럴 때마다 사람들은 뭐라 대답하기도 전에 얼굴에 웃음부터 머금는다. 그저 생각하기만 해도 기분 좋은 사람인가 보다.

'우리 인생 중 잠자는 데 쓰는 시간은 26년, 일하는 데 쓰는 시간은 21년, 먹고 마시는 데 쓰는 시간은 9년, 그리고 웃는 시간은 20시간'에 불과하다는 광고를 본 적이 있다. 우리는 누구나 나를 더 웃게 만드는 사람, 행복한 시간을 늘려주는 사람을 원한다.

기억력이 좋다. 가끔 어떻게 이럴 수 있을까 싶을 정도로 상대방의 이름도, 어디서 만났는지도 기억나지 않을 때가 있다. 그런 나의 기억력이 저주스럽지만, 사실 진짜 원인은 관심부족이다.

내가 출강하는 대학 강의는 대략 60명 정도의 학생들이 수업을 듣는다. 그래서 출석부에 학생들의 가벼운 인상착의와 개인적인 특징을 적어둔다. 그런데 하루는 그 출석부를 놓고 수업에 들어가게 되었다. 그때부터 어설픈 기억에 의지해 아이들 이름을 불렀는데, 몇몇 당찬 아이들이 자신의 이름을 틀리게 부른 교수에게 서운한 표정을 지었다. 말없이 앉아 있는 친구들도 배신감이 물씬 묻어나는 얼굴이었다. 분명 지금까지 교수가 자신의 이름을 외우고 있다고 생각했을 것이다. 나도 학생일 때 좋아하는 교수님이 내 이름을 기억하지 못한다는 걸 알고, 이해는 하면서도 어찌나 서운했는지 모른다. 사람들은 모두 '나는 특별한 존재'라고 생각한다. 그런 나를 기억 못하다니 있을 수 없는 일이다. 자신이 평범한 사람임을 깨닫게 하는 사람을 좋아하는 사람은 없다.

부드러운 유머감각이 있다. 또다시 유재석 씨의 이야기다. 요즘 연예계를 양분하는 대표 MC는 강호동 씨와 유재석 씨다. 두 분 모두 예능에 대한 천부적인 감각과 유쾌함이 느껴지는 사람들이다. 그러나 둘은 웃음의 코드도, 스타일도 전혀 다르다.

우선 강호동 씨는 시청자가 하고 싶은 말이나 알고 싶은 것들을 속 시원하게 긁어주거나 대신해준다. 출연자의 재능을 빨리 간파하고 확 띄워준다. 호탕한 웃음으로 분위기를 띄우는 재주는 가히 천재적이다. 그러나 아니다 싶을 땐 면박을 주기도 해서 보는 사람마저 아슬아슬해질 때가 있다.

반면 유재석 씨는 출연진의 부족한 예능감도 무리 없이 보완해주는 천부적인 감각이 있다. 그래서 이효리 씨도 박명수 씨도 그와 함께 있으면 더욱 돋보인다. 함께 있는 사람을 띄우고 감싸주는 부드러운 유머감각이 그를 일인자로 만들어주는 것이다. 그래서인지 유재석 씨에게는 적敵이 없어 보인다.

'척'하지 않는다. 잘난 사람이 잘난 척하는 것, 예쁜 여자가 예쁜 척하는 것. 있는 사람이 있는 척하는 것. 없는 것을 있다고 하는 것도 아니고 있는 것을 있다고 하는 것인데, 스스로 내세우려 들면 참 밉상이다. 이런 사람들은 뜨거운 선망과 차가운 질투의 대상이 된다. 인기 있는 사람들은 자신이 가진 매력을 쉽사리 드러내지 않는다. 그것이 사람들을 돌아서게 만든다는 걸 잘 알고 있으니까.

형식적이지 않다. 사회적인 경력이 쌓이고 나이가 들어갈수록 중요시하는 게 있다. 바로 진정성이다. 어느 정도 사회생활에 익숙해지고 사람을 대하는 게 노련해지면, 사람을 향한 마음이 형식적으로 변해갈 때가 많다. 주변에 세련된 형식과 노련미로 무장한 사람들이 넘쳐날수록, 이런저런 꼼수 없이 순수한 '진정성'을 가진 사람이 그리워진다. 세련된 말과 프로페셔널한 옷차림, 깔끔한 논리로 중무장된 사람을 만나면 나 또한 중무장을 하게 된다.

두꺼운 갑옷을 하나씩 입었으니 심장의 거리는 더 멀어진 셈이다. 그러나 세상 모든 일은 사람들이 만나서 하는 것. 지금 마주앉은 그와 거리를 좁히지 못하면, 그의 마음속에 들어갈 수도 없고, 일을 함께할 수도 없다. 포장과 형식의 아름다움을 누구보다 중요하게 여기는 이미지 컨설턴트이지만, 내가 얻은 결론은 이렇다.

결국 우리에게 필요한 것은 냉철한 이성이나 세련되고 아름다운 외모보다는, 형식이라는 갑옷을 벗어던진 벌거벗은 심장이라는 사실.

중국에서는 천天, 지地, 인人, 세 가지 기운을 얻는 자가 제왕이 된다고 했다. 여기서 천기天氣는 하늘의 기운을, 지기地氣 는 땅의 기운을, 마지막으로 인기人氣는 사람의 기운을 뜻한다. 이 중 가장 얻기 어려운 기운이 '인기'일 것이다. 인간은 누구나 자신이 돋보이길 바라고, 사랑받고 싶어 하는 존재다. 먼저 손을 내밀기보다는 상대가 먼저 다가와 손을 내밀어주기를 바란다. 결국 모두가 비슷한 생각을 하고 있는 것이다. '오면 반갑게 맞아주리라' 하고.

그러나 성경에도 나와 있다. '대접받고 싶은 만큼 대접하라'고. 인류가 살아온 역사만큼이나 오래된 진리다. 모두가 받으려 하는데, 누군가는 먼저 남에게 준다. 그들이 인기 있을 수밖에 없는 이유다.

딱, 거기까지!

매너는 두 가지 얼굴을 하고 있다. 하나는 '천사'의 얼굴이다. 매너는 애초 사회에서 기득권을 가진 사람들이 비기득권층의 불공평한 삶을 개선하고 사회의 안정을 도모하기 위해 만들어낸 것이다. 매너는 권력을 갖지 못한 사람들(가난한 사람들, 노인, 여자, 어린이, 신분이 낮은 자들)을 먼저 배려하여 공평한 세상을 만들자는 의미로, 약자를 우선으로 한다. 강제성은 없으나 매너를 지키는 사람들은, 자연스레 착한 강자가 된다.

강의 중에 매너의 역사를 이야기하며 당시 남성보다 사회적으로 약자였던 여성은 먼저 배려해야 할 대상이니까 '레이디 퍼스트'라고 말하면, 젊은 남자들일수록 꼭 한마디씩 한다.

"요새 여자들 약하지 않습니다."

"…."

매너의 또 다른 얼굴은 '권력'이다. 상업이 발달하면서 탄생한 신 부르주아는 기득권을 누리던 귀족들에게 이만저만 불편한 존재가 아니었다. 금권을 앞세운 최고 권력층과의 밀착을 두고 볼 수만은 없었던 귀족들은, 우리와 우리 아닌 그들을 분리하기 위해 까다로운 궁중 예법을 만들어냈다. 스스로 지쳐서 나가떨어지도록 말이다. 우아한 궁중 사람들과 상스러운 너희들이 어울리지 않음을 우회적으로 알려주기 위해, 매너의 발전이 가속화되었다.

우리도 매너를 두 가지 용도로 사용한다. 상대를 배려하고자 할 때, 또 다른 하나는 상대와의 선을 명확하게 긋고 싶을 때. 알고 지낸 지 5년쯤 된 G는 동갑임에도, 아직도 깍듯하게 ○○ 씨라 부르며 말끝마다 '요'자를 붙인다. 그녀와는 좀처럼 친해지지 않는다. 술을 마셔도 그때뿐이다.

술을 마실 때 내일부터는 서로 편하게 부르자고 손가락 걸고 약속해보지만, 다음날이면 어김없이 어색했던 지난 시간으로 돌아가 정중해진다. 그 동안 실수를 한 적도 없고, 부탁을 한 일도 없으며, 참으로 깔끔하고 깍듯하다. 그래서 진심으로 서운할 때도 있다. 저 사람은 나랑 친해지고 싶지 않은 건가, 하고. 그럴 리야 없겠지만, 나와 친해지고 싶지 않다는 의도를 갖고 깍듯하게 대하는 거라면, 한마디 쏘아주고 싶다.

'나도 됐거든요!'

그래서 나온 말이 은근무례, 속된 말로 '정중한 싸가지'다.

매너를 갖추기란 정말 쉽지 않다. 지나치게 정중해도 오해를 사는 수가 있고, 친근하게 굴어도 상대에 따라 무례해 보일 수 있기 때문이다.

차라리 매뉴얼이 있어서 그대로만 따라 하면 편할 것이다. 그러나 매너는 꼭 이렇게 해야 한다는 매뉴얼도, 정해진 룰도 없다. 똑같은 행동도 그때그때 상황에 따라, 매너가 있다고도 없다고도 할 수 있다.

언젠가 컨설팅 고객을 예정에 없이 차에 태워드릴 일이 있었다. 그때 마침 치마를 입고 있었는데, 운전석에 앉으니 옷에 주름이 잡히면서 점점 위로 올라가기 시작했다. 민망해서 재빨리 끌어내리는데, 마침 운전석 옆자리에 타려던 그분이 보신 모양이다. 바로 뒷자리에 가서 앉으시며 한마디 하셨다.

"아유, 죄송합니다. 옷이 불편하시죠. 뒷자리에 앉겠습니다."

자가 운전자의 경우 운전석 옆자리에 앉는 것이 예의다. 그러나 역시 상황에 따라 다르다. 아무 말도 없이 뒷자리 상석에 앉았다면 매너 없는 사람으로 몰릴 뻔했는데, 한마디 함으로써 최고의 '매너맨'이 됐다. 이렇게 매너는 상황에 따라 유연성을 갖는다. 그래서 무엇보다 상황을 파악하고 상대방의 마음을 읽는 센스가 중요하다.

배려의 온도

일본 막부시대 어느 장군이 간온지라는 사찰을 찾아왔다. 그는 험한 산길을 올라오느라 매우 목이 말랐다. 그런데 마침 한 소년이 지나가기에 차 한잔만 달라고 부탁을 했다. 소년은 절에서 허드렛일을 돕고 있었는데, 생전 처음 보는 장군이 지친 행색으로 부탁을 해오자, 안쓰러운 마음에 큰 잔에 가득 따른 차를 대접했다. 마침 갈증에 목이 타던 장군은 차를 단숨에 들이켰다. 급하게 차를 마신 장군은 아쉬운 마음에 차를 한잔 더 부탁했다. 소년은 처음보다 조금 작은 잔에 따뜻한 차를 정성껏 대접했다. 그제서야 갈증을 해결한 장군은 여유 있게 차를 마시다 문득 소년의 행동이 의아해졌다. 장군은 세 번째 차를 다시 청해보았다. 그러자 이번에는 작은 찻잔에 뜨거운 차를 부어 장군에게 대접했다.

그런 소년의 행동이 궁금해진 장군이 물었다.

"왜 차의 양과 온도가 각각 다른 것이냐?"

그러자 소년이 답했다.

"처음 큰 잔에 따른 미지근한 차는 장군께서 목이 마르신 것 같아 빨리 드실 수 있도록 한 것이고, 두 번째 차는 갈증은 푸셨을 테니 차의 향을 음미하실 수 있도록 따뜻한 차를 드린 것입니다. 그리고 마지막 세 번째 차는 두 잔이나 마셨으니, 온전히 차의 향만을 즐기도록 하기 위한 것입니다."

이에 크게 감동한 장군은 소년을 수하로 평생 곁에 두었다.

이 이야기는 일본의 3대 장군 중 하나인 도요토미 히데요시와 소년 이시다 미쓰나리와의 만남에 얽힌 일화다. 이시다 미쓰나리는 아주 사소한 배려로 자신의 운명을 뒤바꿀 기회를 얻었다. 이처럼 매너는 '나'를 기준으로 하는 것이 아니라 '상대'를 기준점으로 삼아야 한다. 상대방을 섬세하게 관찰하고 적정 온도를 맞추는 고난도 예술이 바로 매너인 것이다. 이때 배려의 온도가 지나치게 높거나 낮은 게 문제다. 일본어에 '요케이나 고코로즈카이'라는 말이 있다. 우리말로 번역하면 '쓸데없는 배려'쯤 된다.

누군가를 섬세하게 배려한다고 해서 모두 좋은 것만은 아니다. 간혹 넘치는 배려가 상처를 주기도 하니까.

MC겸 개그맨 김제동 씨가 배우 황정민 씨, 뮤지컬배우 박건형 씨와 술자리를 갖게 되었다. 많은 사람들에게 알려졌다시피 박건형 씨는 뮤지컬계의 대표 꽃미남이다. 황정민 씨도 훈남형 마스크의 소유자다. 음, 그리고 김제동 씨는 열심히 생겼다(그러고 보니 김제동 씨를 자주 사례로 쓴다. 강의 때도, 원고를 쓸 때도. 뭐든 최선을 다하는 김제동 씨가 좋다).

그렇게 셋이 모여 기분 좋게 술을 마시는데, 혀가 꼬부라진 취객이 시비를 걸어왔다.

"뭐야, 연예인도 별거 아니네. 못생겼잖아."

이 소리를 듣고 발끈한 황정민 씨가 일어나 소리쳤다.

"왜 그러세요! 우리 제동이한테 그러지 마세요."

어느 스페셜 프로그램에 나온 김제동 씨가 그때 상황을 떠올리며 흥분한 얼굴로 말했다. "아니, 황정민도 그렇게 잘 생긴 얼굴은 아니잖아요. 우린 3명이었고, 딱히 누구를 지목한 것도 아닌데 어떻게 난 줄 아냐고요. 안 그래요?"

서비스업체나 카드회사와 통화를 하다 보면 간혹 과하다 싶을 만큼 친절한 곳이 있다.

"안녕하십니까, 고객님. 사랑합니다, 고객님. 불편하신 사항은 없으셨습니까? 다른 사항은 없으십니까? 고맙습니다, 고객님. 즐거운 하루 보내시고…."

한창 바쁜 시간에 전화해서 통화가 가능한지는 묻지도 않는다. 가끔은 "정말 고마우면 끊어주세요. 제발."이라는 말이 나오는 걸 꾹 참고 참을 때가 있다.

넘친다는 것은 적정량을 넘어섰다는 의미다. 쓸모없는 분량만큼 부담스러워진다. 넘치게 준 사람은 만족스러울지 몰라도, 맛없는 것을 잔뜩 얻어먹고 빚을 진 기분까지 덤으로 떠안은 쪽은 유쾌하지 않다. 그러니 과한 배려는 사절이다. 딱 거기까지! 넘치지도 모자라지도 않을 정도가 좋다.

하나 더, 작은 배려에는 감사를 잊지 말자. 종종 옆 차에 차선을 양보한 다음, 그 차의 뒤꽁무니만 집요하게 쳐다볼 때가 있다. 선행을 베푼 나한테 고마움의 표시로 깜빡이를 켜나 안 켜나 보려는 거다. 가끔은 저만치 오고 있는 사람을 위해 한동안 문을 잡아준 다음, 감사의 인사를 은근히 기다린다.

'고맙다고 하겠지?'

그러나 종종 기대를 저버리는 사람들을 만난다. 나처럼 오른손이 한 일을 왼손이 알 때까지 지켜보는 얄팍함도 좋은 매너는 아니지만, 타인의 배려에 감사함을 느끼지 못하는 건 더더욱 아쉽다. 배려에 생색이 들어 있건, 가식이 느껴지건, 나 같은 사람이라도 많아졌으면 좋겠다. 시작은 순도 100%가 아니었다 해도, 점점 더 많은 사람들이 배려할 줄 알았으면 하는 바람에서다.

통하려면 지고 시작하라

이미지 컨설턴트로 8년 넘게 일하는 동안, 하나 터득한 게 있다. 허술하고 초라한 포장보다, 내용도 없으면서 번지르르한 포장이 훨씬 위험하다는 것이다.

올바른 '이미지 메이킹'은 없는 것을 있다고 우기는 게 아니라, 팩트를 바탕으로 장점을 잘 드러나도록 재배치하는 것이다. 그런데 요즘은 어딜 가도 과도한 포장법만 알려준다. 기왕이면 멋져 보이고, 좋아 보이고, 고급스러워 보이도록.

소통도 마찬가지다. 서로 통하자고 하고선, 일부러 어려운 말을 쓰거나 애매한 감정표현으로 일관하는 사람들이 적지 않다. 이는 통하자는 게 아니라 자신이 한 수 위임을 그럴싸하게 포장하는 것이다. 진정한 소통은 '한 수 접어주는 것'인데 말이다. '소통'은 결코 앞서가는 것이 아니라 기다려주는 것이고, 무조건 할 말을 참는 게 아니라 잠시 미뤄두는 것이다.

또 하나, 세상의 셈법은 대개 제로섬인 것 같지만, 적어도 소통에서 만큼은 그런 공식이 통하지 않는다. 어느 한쪽이 이기고 상대가 지는 결과는 없다. 통하면 둘 다 이기는 것이고, 그렇지 못하면 둘 다 지는 것이다. 그러니 이길 생각일랑 접어두고, 먼저 숙이고 먼저 배려하는 것이 가장 잘 통하는 방법일 것이다.

이 책은 나를 위한 책이기도 하고 소통 장애를 안고 사는 우리들을 위한 책이기도 하다. 가까이 부대끼고 살아야 할 가족이, 친구가, 동료가 더없이 미울 때 '그래, 그럴 수도 있지'라는 마음을 가질 수만 있다면 지금보다 한결 편해질 거라 믿는다. 그러한 믿음으로 한 자 한 자 부족한 글을 썼고, 무엇보다 솔직하게 쓰리라 마음먹었다. 아는 만큼 쓰면 읽으시는 분이 나머지는 채울 것이라 굳게 믿는다.

누구보다 치열하게 고민했던 만큼, 나의 쓰디쓴 고민이 이 책을 읽는 독자들에게는 더없는 '달콤함'이 되기를 간절히 바란다.

끝으로 과분한 격려와 칭찬을 보내준 지인들과, 이 책에 등장하는 모든 분들, 항상 응원을 아끼지 않는 남편과 멋진 아들 재유에게 진심 어린 감사를 보낸다.

2011년 여름 우영미

유머가 이긴다
신상훈 지음 | 13,000원

유머는 딱딱한 머리를 말랑하게 해주는 최고의 '유연제'이자, 막힌 가슴을 쾅 뚫어주는 '소통의 묘약', 21세기 리더십의 필수요소다. 20년 넘게 개그작가로 활동하며 대한민국 최고의 유머코치로 정평이 난 신상훈 교수의 유머레슨을 책으로 만난다. (추천 : 회의, 연설, 파티, 주례사 등 리더를 위한 상황별 유머비법 총망라)

당신이 축복입니다
숀 스티븐슨 지음 | 박나영 옮김 | 13,000원

"이 아기는 24시간 안에 죽는 편이 낫습니다." 뼈가 계란껍데기처럼 부서지는 희귀병을 갖고 태어난 숀 스티븐슨, 그는 현재 스타 연설가이자 심리학자가 되어 휠체어를 타고 세계를 누빈다. 90cm의 거인 숀이 전하는 축복의 리얼스토리! 소중한 누군가의 믿음과 신뢰, 응원이 필요한 당신에게 '인생을 응원하는 6통의 메시지'를 보낸다.

멋지게 한말씀
조관일 지음 | 14,000원

자기소개, 건배사, 축사, 행사 진행, 프레젠테이션… 언제든 써먹는 '노래방 18번'처럼, 어느 자리에서든 당신을 멋지게 띄우는 '한말씀'의 기술! 첫마디 시작하는 법, 화젯거리 찾는 공식, 흥미진진하게 말하는 법 등, 대한민국 명강사의 '30년 한말씀 노하우' 총망라! (추천: 공적, 사적 모임에서 멋진 한말씀으로 돋보이고 싶은 사람들을 위한 책)

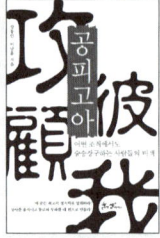

공피고아 : 어떤 조직에서도 승승장구하는 사람들의 비책
장동인·이남훈 지음 | 14,000원

회사에서는 일만 잘하면 된다고 생각하는 순간, 당신의 조직생활에 위기가 시작된다. 일을 제대로 하고 싶다면, 당신과 그 일을 함께할 '사람'을 먼저 배워라. 조직과 사람이 움직이는 원리를 관통하는 10가지 키워드와 명쾌한 대응전략! (추천:가장 현실적인 '직장생활의 정공법'을 익히고 싶은 이들을 위한 책)

이기고 시작하라
안세영 지음 | 13,000원

일상의 소소한 협상부터 비즈니스 분쟁까지, 어떤 상황도 '자신의 판'으로 만드는 승자의 수(手)! 칭기즈칸부터 이순신, 빌 클린턴에 이르기까지 세기의 승자들에게서 '이기는 기술'을 배운다. 국내 최고의 협상전문가이자 서강대 교수인 저자가 해박한 역사 지식과 실전에서 체득한 비즈니스 사례를 독창적인 통찰력으로 풀어내며 '백전불패의 전략'을 전수한다.

나는 몇 살까지 살까?
하워드 S. 프리드먼 외 지음 | 최수진 옮김 | 16,000원

술 담배 안 하고, 운동 열심히 하는 사람이 오래 산다고? 오래 사는 사람은 따로 있다? 1500명의 인생을 80년간 추적한 세기의 수명연구, 터먼 프로젝트가 알려주는 의외의 진실! 성격, 인간관계, 결혼과 이혼, 직업적 성취와 사회적 성공, 종교활동, 트라우마 경험 등이 건강과 수명에 어떤 영향을 미치는지 알려준다.

애스킹 : 성공하는 리더의 질문기술
테리 J. 파델 지음 | 김재명 옮김 | 14,000원

위대한 리더는 모두 '질문의 대가'들이다! '애스킹'은 상황을 정확하게 꿰뚫고 거짓말을 간파하며, 대화 속의 오류를 바로잡고, 올바른 의사결정으로 이끄는 탁월한 커뮤니케이션 솔루션이다. 구성원들의 창의성과 실행능력까지 끌어올리는 리더십과 조직경영의 핵심기법을 공개한다. (추천: 프로젝트 매니저부터 기업 CEO까지 모든 리더를 위한 책)

히든 커뮤니케이션
공문선 지음 | 12,000원

인간관계의 9할은 심리전이다! 잘 다듬어진 손짓, 표정, 질문은 논리정연한 백 마디 말보다 강하게 상대의 마음에 꽂힌다. 말 때문에 경쟁에서 밀리고 싶지 않을 때, '내 사람'을 만들고 싶을 때, '히든 커뮤니케이션'에서 해답을 찾아라! (추천: 사회초년생 및 직장인들에게 풍성한 인간관계를 쌓는 유용한 지침을 준다.)

에너지버스
1편 : 존 고든 지음 | 유영만, 이수경 옮김 | 10,000원
2편 : 존 고든 지음 | 최정임 옮김 | 12,000원

60만 독자들의 열광! 1편은 '에너지 뱀파이어'로부터 자신을 보호하고 열정 에너지를 주위에 전파시키는 법을, 2편은 '불평불만'과 결별하고 긍정 에너지를 발산하는 방법을 알려준다. (추천 : 열정과 에너지 넘치는 삶과 일터를 위한 탁월한 가이드)

혼·창·통 : 당신은 이 셋을 가졌는가?
이지훈 지음 | 14,000원

세계 최고의 경영대가, CEO들이 말하는 성공의 3가지 道, '혼(魂), 창(創), 통(通)'! 조선일보 위클리비즈 편집장이자 경제학 박사인 저자가 3년간의 심층 취재를 토대로, 대가들의 황금 같은 메시지, 살아 펄떡이는 사례를 본인의 식견과 통찰력으로 풀어냈다. (추천 : 삶과 조직 경영에 있어 근원적인 해법을 찾는 모든 사람)